Layperson
Holiness Movement History

평신도 성결운동사

발행일 _ 1판 1쇄 2023년 5월 24일
발행인 _ 문창국
지은이 _ 기독교대한성결교회 편
편집인 _ 전영욱
기획/편집 _ 강영아 김요한 조형희
디자인/일러스트 _ 권미경 하수진
홍보/마케팅 _ 안용환 육준수
경영지원 _ 지선화

펴낸곳 _ 도서출판 사랑마루
서울시 강남구 테헤란로64길 17(대치동)

대표전화 TEL (02) 3459-1051~2/ FAX (02) 3459-1070
홈페이지 http://www.eholynet.org
등록 2011년 1월 17일 등록번호/ 제2011-000013호
ISBN 979-11-90459-31-0 03230
가격 12,000원

Layperson
Holiness Movement History

평신도 성결운동사

발간사

　샬롬! 제117년 차를 시작하는 이 시점에 『평신도 성결 운동 사』를 발간하게 된 것은 하나님의 섭리시며, 크신 은혜이기에 감사와 찬송을 올려드립니다.

　평신도는 영어로 'Layperson'이라고 합니다. 사전적 의미로 '특정주제에 대한 비전문가'라는 의미로 쓰입니다. 그러나 "Layperson"에서 "Lay"는 '내려놓다', '놓다'라는 의미를 가지고 있습니다. 즉, '내려놓은 사람'이란 뜻입니다. 자기의 뜻을 내려놓고 하나님의 뜻을 따르며 살려는 사람이 바로 '평신도', 'Layperson'이라는 것입니다.

　Post-Covid 시대에 모든 것들이 불안정한 상황이며, 새로운 기준들이 제시되므로 변화가 요구되고 있습니다. 그러나 하나님의 복음을 전하는 일에는 변화가 없습니다. '위드 예수,

다시 성결의 복음으로!'라는 주제로 제116년차 총회를 지나오면서 하나님의 지상명령을 완수하고 무너진 벽을 다시 세우는 일을 해야 할 가장 중심에 있는 분들이 바로 우리 성결교회의 '평신도' 임을 '평신도 성결 운동사'를 통해서 다시금 확인하게 되었습니다.

성결교회의 목회자 및 평신도 여러분들은 평신도 성결 운동사를 통해 같은 마음을 품으시기를 기대해 봅니다. 성결교회의 큰 역사 속에서 우리는 세계교회의 일원이며, 이러한 운동사의 흐름을 읽으며, 앞으로 우리의 사명을 확인하고 성결교회의 자랑스러운 평신도로서 정체성을 가지고 세계교회와 균형과 조화를 견지하며 나가기를 간절히 바랍니다. 그렇게 하므로 성결한 삶, 거룩한 교회, 하나님 나라의 확장, 창조질서의 복원, 공의로운 사회건설 등, 우리 하나님께서 성결교회에게 주신 사명들을 앞으로의 '평신도 성결 운동'을 통해서 더욱 충실히 잘 이루어 가실 것을 확신합니다.

성결교회는 평신도 성결 운동을 통해서 그 기반이 놓아졌고, 평신도 성결 운동을 통해 교단이 설립되었고, 또한 성결교회를 부흥시켜 왔습니다. 예수님이 재림하시기까지 성결교회의 평신도 성결 운동은 지속될 것입니다. 이 귀한 책이 발간하도록 도움을 주신 교단의 산 증인이신 경변교회 원로 신명범 장로님과 충무교회의 원로 박흥일 장로님께 감사를 드립니다. 더불어 어려운 작업을 위해 노력해주신 총회본부 담당 직원들에게 감사를 드립니다.

기독교대한성결교회 제116년차 총회장

김주헌 목사(북교동교회 담임)

권두언

교단 총회본부가 총회장 방침에 따라 처음으로 〈평신도 성결 운동사〉를 단행본으로 발간하게 된다는 소식을 듣고 때 늦은 감은 있으나 다행으로 생각하고 축하와 감사드리고 또 단기간 동안에 집필을 맡아 수고한 총회본부 편집팀에게도 심심한 감사를 드립니다.

〈평신도 성결 운동사〉를 한 번 훑어본 첫 소감은 평신도 성결운동의 효시가 1934년 시작한 성우청년회와 1949년 창립한 성청 전국연합회이며, 여기에서 출발하고 발전하여 전국장로회와 남전도회전국연합회 등 평신도 운동기관들이 생겨났다는 중요한 역사적 사실을 지적하고 상기하게 해주어 큰 의의가 있다고 생각합니다.

〈평신도 성결운동사〉 발간으로 우리 교단과 교회가 성청 초창기와 중반 성장기의 활동을 반면 거울삼아 오늘날 성청의 현실과 청(소)년 및 다음세대에 대하여 깊이 성찰하고 대책과 계획을 세우고 중점 지원하는 계기가 될 수 있다면, 이 책 발간 소기의 목적 달성을 조금이라도 달성하는 것이 될 수 있지 않을까 생각합니다.

이 책 내용 중 평신도 운동의 효시가 된 성청의 성장기 초반인 70년대에 19대와 20대(1973–77) 성청 전련 회장으로 성청 활동을 주도했던 사람으로서 본인의 몇 가지 기억에 남는 성청 활동의 중요한 역사적 사실 몇 가지를 말씀 드리고 싶습니다.

첫째, 우선 성청의 3대 목표(선교, 교육, 봉사)와 3대 강령(신앙, 헌신, 봉사)을 분명하게 제정하여 제시하고, 3대 추진력(영력, 인력, 금력)과 3대 선교전략으로 "1일 10분 기도하고, 1주 1시간 선교하며, 1개월 1$ 헌금한다."를 제시하고, 성청의 마크까지 만들어 성청의 지향 목표와 활동 방향을 확고히 제시하여, 지금까지도 성청 주요 행사의 유인물마다 넣고 이어온 것은 다행입니다. 하지만 성청은 행사 때마다 이를 제창, 다짐하고 실천하여 결실하는 것이 중요한 남은 과제요, 숙제라고 생각합니다.

둘째, 토요일도 근무하고 일하던 70년대 내내 계속하여 성청의 전련 임원들이 매월 마지막 주 토요일 오후에 먼저 각 지방 주요도시 교회를 정하여 내려가고, 그 지방 교회 청년들을 모이게 하여 철야기도 간증집회를 가진 다음, 주일 새벽기도회가 끝나고 교회 근처를 다니며 새마을 대청소를 하여 당시 박정희 정부의 주요시책이던 새마을 운동에도 동참하고, 노방전도를 하며 결신서를 받아 주일 대 예배 시에 담임목사님에게 전달하고, 귀경 하곤 하였으니 이 성청의 성령의 불길이 전국에 번지며 성청의 성장기와 전성기를 이루었다고 생각합니다.

셋째, 1977년에는 1월 1일부터 신년 정초에 3일 간 금식하며 3.8(휴전)선에서 가장 가까운 파주 영태리교회에서 처음으로 제1회 "성청 신년금식기도회"를 개최하여 우리 교단뿐만 아니라 타교단에까지 청년들에게 신선한 바람을 일으켰습니다. 이것이 2013년 제37회 "성청 신년금식기도회"까지 그런대로 잘 지속되다가 2014년 제38회부터 금식이란 말이 슬그머니 사라지고 "성청 신년성회"라고 명칭이 슬쩍 바뀐 채 명맥을 이어오다가 2021년부터는 코로나사태로 이마저 중단되어 너무 아쉬움이 많았습니다. 속히 역사적 전통이 이어지고 회복되어 활성화되기를 이 금식기도회를 처음 시작한 사람으로서 간절히 기도하며 기대해봅니다.

넷째, 여러 가지 어려운 가운데서도 1977도에 매주 월요일 밤 11시가 넘어 5분 정도 CBS를 통하여 "내일을 향하여"란 청소년 방송 선교를 시도하고, 시행한 것은 그 당시 어려운 여건 가운데서 방송선교를 처음으로 시도했다는 자체만으로도 높이 평가할 만 일입니다.

다섯째, 1976년에는 제30회 교단총회 결의에 따라 성청 주도로 "학생회 전국연합회"를 창립하였습니다. 학생회 전국연합회는 오랫동안 잘 지속되지 못하고 유명무실하게 되어 당시 추진한 사람으로서 아쉬움이 많습니다. 그러나 교단의 앞날을 위하여 성청과 함께 바로 다음 세대인 학생회를 교단 최우선 중점 사업으로 추진하여 청년과 청소년을 살리고 육성해야 우리 교단과 교회는 물론 전 기독교와 나라의 미래가 밝습니다.

기독교대한성결교회는 본인의 이러한 공로를 인정하여 두 차례 교단의 역사적인 대회에서 초창기와 중반 성장기의 성청 회장 출신 공로자 몇 사람에게 교단 총회장 표창을 하였습니다.

첫째, 교단창립 70주년 기념 대회 시(1977년): 평신도 부문: 윤판석 장로. 박홍일 당시 집사

둘째, 성청창립 70주년 기념 대회 시(2019년): 신명범 장로, 박홍일 장로

앞에서는 주로 성청의 교단 내 주요 활동을 점검해 보았으나 성청이 교단 밖의 초교파 활동한 것이 언급이 안 된 것 같아 본인이 70년대 성청 전련 회장을 맡으며 참여하고 주도하였던 초교파 활동 몇 가지를 참고로 부연하고자 합니다.

첫째, 70년대 여의도 광장에서 100만 명 이상의 성도가 모여 대규모 집회를 하던 한국 기독교 전성기에 "EXPLO 74대회" 청년분과위원회에 당시 성청 회장인 본인이 총무로서 실무를 총괄하였고, "77민족 복음화 대성회"에는 청년분과위원장을 맡아 4,000명의 기독청년과 대학생을 동원하여 안내와 경비를 맡아 대회를 성공적으로 개최할 수 있도록 일조하게 된 것은 하나님의 크신 은혜와 축복이라 할 수 있습니다. 이 뿐만 아니라 이때를 맞추어 성청 전국대회를 서울신학대학에서 개최하고 이어서 성청이 단체로 "77민족 복음화 대성회"에 참가하여 은혜도 받고 안내 봉사하게 된 것도 주님의 인도하심과 은혜입니다.

둘째, 이 모든 일들은 1974년 5월에 성청이 주도하여 15개

주요 교단의 전국 청년연합회장들과 여러 차례 회의를 거쳐 교육회관 대강당에서 "한국기독교 전국청년연합회협의회"를 조직하여 그런 행사와 사업을 추진하였고, 그렇게 했기 때문에 이런 큰 행사들을 감당할 수 있었습니다. 이것은 전적으로 주님의 은혜가 있었기 때문에 가능하였다고 생각하고 주님의 놀라운 역사에 그저 감사할 따름입니다. 그러나 NCC의 주요 교단이었던 예장통합, 기감, 구세군 등은 NCC 청년지도 목사들의 강압으로 E.Y.F라는 별도의 청년연합단체가 생겼고, 보수교단들도 보수교단 전국청년연합협의회를 별도로 조직함으로서, 청년연합단체까지 양분되는 뼈아픔을 겪게 되어 아직까지도 안타까움 남아 있습니다.

셋째, 마지막으로 기억해둘 만한 기독교 선교역사상 중요한 일은 기독교대한성결교회 성청이 직접 주도한 것은 아니지만 성청 전련 회장 출신인 본인이 주관이 되어 〈직장선교〉라는 새로운 특수선교 분야를 개척하여 정착이 되었다는 사실입니다. 1978년 광화문 정부종합청사 꼭대기 층인 19층 회의실에서 찬송과 기도를 드리며 처음으로 과학기술처 직장선교회(직장신우회)를 조직하고, 1980년 광화문 지역의 직장인연합 부활절예배를 드린 후 1981년에는 정부 부처와 국회, 한전, 현대, 동아 그룹 등 대기업체 등 39개 직장의 신우회와 기독직장인들을 종교교회에 모아 직장선교운동의 모체인 "사)한국기독교직장선교연합회(설립자/초대회장 박홍일)"를 창립하게 되었으며, 현재 산하에 약 100개의 전국 지역연합회와 직능연합회가 조직되어 국내 최대의 평신도 선교단체 되었습니다. 순전히 하나님의 크신 은혜와 축복이라 할 수 있겠습니다.

그뿐만 아니라 1993년에 한국에서 처음으로 개최한 "EXPO93 대전세계박람회" 기간 중 대전기독교연합회와 공동으로 개최한 "EXPO93 세계선교대회(대회장: 황승기목사/박홍일 장로)"를 대전 중앙장로교회에서 개최하고, 동 기간 중에 세계기독교직장선교연합회(초대총재 박홍일 장로)를 창립하였으며, 본인이 기부한 3억 원을 기금으로 직장선교사회문화원(설립이사장 박홍일 장로)를 설립하고 직장선교목회자협의회, 직장선교대학 등 직장선교 6대 기관을 주도하여 설립하였습니다.

또한 본인이 90년대 국장 재직 시 미국 대학과 대사관에 파견 근무하면서 워싱턴, 뉴욕 등 지역연합회와 미국직장선교연합회를 창립하게 되었고, 필리핀. 인도네시아 등 동남아와 영국, 독일, 프랑스 등 구라파까지 해외에 조직하게 되어 직장선교를 통해 기독교 복음을 역수출하게 되어 하나님께 감사와 영광을 돌립니다.

마지막으로 1970년대 성청의 성장기에 타오르던 성청의 성령의 불길이 2020년대에도 성청은 물론 다음세대인 청소년 학생들에게 까지 다시 한 번 활활 타올라 우리 교단은 물론 초교파 연합 선교운동에 까지 주도하고 번져서 주의 나라와 뜻이 이 땅에 이루어질 수 있기를 간절히 기도하고 기대해 봅니다.

"보라! 내가 새 일을 행하리니 이제 나타낼 것이라!
~정녕히 내가 광야에 길과 사막을 내리니…!!!"(사 43:19)

제19-20대 성청 전국연합회장(1973-1977년도),
사) 한국기독교직장선교연합회 설립자/초대회장/명예이사장,
전 과학기술부 1급 관리관(차관보), 호서대학교 초빙교수
박홍일 장로(충무교회원로)

들어가는 말

　기독교대한성결교회의 태동과 성장에는 특이한 점들이 많이 숨어 있다. 우선, 한국교회의 거의 대부분의 교단들은 서구의 교파교회가 파송한 선교사들에 의해서 세워진 반면, 성결교회는 순수한 복음의 열정을 지닌 선교단체 소속 선교사들에 의해 시작되었다. 즉, 성결교단은 교파교회로 출발한 것이 아니라, 순수한 복음 전파를 최우선으로 하는 선교단체 형식으로 출발했다는 점이다. 다음으로, 이와 연동되어서 성결교회는 교회 정치보다는 복음 전도 운동과 부흥 운동을 통해 역동적으로 성장한 교회다. 그러므로 회중 교회적인 흐름 속에서 목회자와 평신도가 혼연 일체가 되어서 교회 부흥에 매진한 결과, 장로교, 감리교와 함께 한국기독교를 대표하는 교단으로 성장했다.

그런데 이러한 교단적 특징을 지닌 성결교회의 역사를 재구성하는 작업에 있어서, 지금까지의 연구는 주로 목회자 중심으로 성결교회사를 정리하는 경향성이 강했다. 큰 틀에서 보면 잘못된 관점이라고 말할 수는 없지만, 성결교회 태동과 발전에 있어서 중요한 축을 형성했던 평신도 운동을 간과한 측면은 분명히 성찰해야 한다. 왜냐하면, 성결교단은 교회론적 특징은 목회자와 평신도의 아름다운 하모니 속에서 태동했고, 성장했으며, 성숙해 왔기 때문이다.

그러므로, 성결교회의 역사를 온전하게 파악하고 과거의 찬란한 부흥의 역사를 오늘에 되살려 다시금 우리 시대를 복음으로 견인할 수 있는 성결교단으로 거듭나기 위해서 과거 성결교회의 부흥의 주역이었던, 평신도의 자발적인 헌신과 성결운동을 반드시 정리할 필요가 있다고 사료 된다.

평신도 성결 운동사는 다종다양했던 성결교회 평신도 운동을 균형 있게 소개하는 입문서다. 이 입문서를 바탕으로 보다 전문적인 성결교회 평신도 운동이 심도 있게 논의되고 역사의 무대로 소환될 것이다. 이러한 보다 심화된 연구를 위한 밑그림을 그리는 작업이고 기초를 놓는 작업이다. 그러므로 기존에 출판된 성결교회 평신도 기관의 자체적인 기록물들을 하나로 엮어내는 방식으로 입문서는 구성되어있다.

그럼에도 불구하고, 이 입문서는 분명한 관점에서 기술되었다. 그것은 기독교대한성결교회에서 "기독교대한성결교회 청년회(이하 성청)" 운동의 중요성을 부각시키고, 모든 평신도 운동의 모체로서 성청 운동을 전제하고, 모든 성결교단의 평신도 운동을 전망하고 있다. "성청" 운동은 단순히 성결교단 청년들이 모여서 만든 청년신앙 조직이 아니라, 한국성결교회의 인재를 배출하는 산실의 역할을 감당했으며, 모든 평신도 기관의 기초가 되었고, "성청"이 펼쳤던 활동 역시 매우 능동적이고 사회적인 교회론적 이해를 전제하고 진행되었음을 알 수 있다. '성청' 이후에 조직된 평신도 단체들이 펼치는 활동은 '성청'이 이미 실험적으로 실행했던 활동의 재현이라고 해도 과언이 아닐 정도로, '성청'은 한국성결교회 평신도 단체의 거울과도 같은 역할을 했다.

그렇다면, 이제 답은 나왔다. 성결교회가 그 옛날 부흥의 영광을 다시 재현하기 위해서는 평신도 단체의 활발한 활동을 지원하고 격려해야 한다. 그러나 무엇보다도, 과거의 '성청'과 같은 성결교회의 '싱크 탱크', '인재 풀', '사회적 활동의 중심지'와 같은 제2의 '성청'이 탄생하여 활동할 수 있도록 교단적인 역량을 총동원하여 적극적으로 지원해 주어야 한다. 요즈음, '다음 세대'라는 용어로 젊은 세대들을 묶어서 그들의 부흥을 도모하고 있는 활동이 교단 내에서 활발하게 전개되고 있다. 매우 고무적인 현상이다. 그러나 '다음 세대'라는 추상적인 개념을 넘어서서 '성청'이라는 보다 적극적이고 조직적이고 자발적인 생명력 있는 제2의 평신도 단체 운동이 일어날 수 있는 여건과 환경을 조성해 주는 것이 성결교회의 신앙적 과제라고 여겨진다.

평신도 성결 운동사는 크게 세 부분으로 구성되었다. 1장은 '성청' 운동을 중심으로 교단의 평신도 기관이 어떻게 부흥 성장하였는지를 역사적인 관점으로 기술하였다. 특히 평신도 기관에서 발행된 책들을 객관적 사료를 중심으로 참조하였다. 2장은 기독교대한성결교회의 평신도로서 2023년 현재 89세의 연세로 굳건하게 교단의 산 역사를 증언하고 있는 전 장로부총회장 신명범 장로의 증언을 기록물로 기술하였다. 편집자와 신명범 장로의 대담 형식으로 글로 구성되어 있어서 생생한 평신도 성결 운동의 역사를 들을 수 있다. 3장은 평신도 기관의 연역을 통해서 각 기관의 시작과 현재를 한 눈으로 볼 수 있도록 편집하였다. 평신도 기관의 성결 운동은 교단과 한국사회에 많은 영향력을 끼쳤다. 각 기관의 연역을 시간적으

로 관찰하면 시대에 따라 어떤 사역을 했는지 한 번에 볼 수
있다.

목차

1장
평신도 성결 운동사

1부

기독교대한성결교회
"평신도 성결 운동"의 특징과 흐름

"평신도 성결 운동"의 성결이해:
완전 성화에서 사회적 성화로

기독교대한성결교회의 교회론적 형태는 목회자 중심의 정치구조가 아니라 목사와 장로가 하나의 팀을 이루어, 마치 공격수와 수비수, 씨줄과 날줄, 망치와 모루의 관계로 동반성장해 왔다. 이러한 교단 정치구조를 반영하여 벤다어그램을 만들어 본다면, 아래와 같은 형태를 띌 것으로 생각된다:

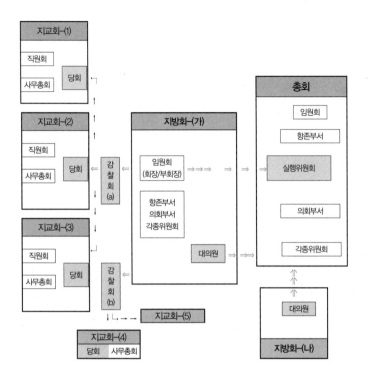

　헌법정신에 따르면, 총회, 지방회, 지교회라는 수직적인 명령체계로 기독교대한성결교회의 교회론이 수직적인 체계를 형성하는 것이 아니라, 지방회를 중심으로 지교회와 총회가 양날개의 역할을 하는 것으로 파악하는 것이 타당하다고 생각된다. 이러한 교회론적 구조가 그 기능을 온전하게 발휘하기 위해서 목사와 장로의 협업과 동역은 필연적이었고 필수적이었다.

그러나 애석하게도, 성결교회사의 집필진과 주제가 목회자 중심으로 구성되었으며, 주로 목회자들의 눈으로 포착된 목회자 친화적인 주제와 현상으로 성결교회사가 구성되어왔다. 평신도가 주도했던 교단 내의 운동과 비전에 대한 흐름은 성결교회사의 지류 정도로 가볍게 다루어 왔던 것을 부인할 수 없다. 이렇게 보편적인 성결교회사에 관한 인식의 틀로 교단의 역사를 전망할 경우, 평신도가 주축이 된 소중한 성결교회의 역사가 소실되고 망실될 수밖에 없는 우를 범할 수 있다.

이러한 문제의식을 가지고, 성결교회 평신도 성결 운동을 탐구하고 저술하고 널리 알리려는 것이 본 저서의 목적이다. 그동안 그늘에 가려져 있었던 성결교단의 역사의 한 축을 이룬 평신도 성결 운동의 역사를 사적으로 정리해 보고, 평신도 성결 운동의 역사 가운데 도도하게 흐르고 있었던 신앙과 비전을 오늘에 되살려, 다시 한 번 성결교단의 도약과 부흥의 발판으로 삼으려고 한다.

평신도 성결운동의 흐름:
성청운동에서 전국장로회로 계단식 성장

기독교대한성결교회의 평신도 단체는 남전도회전국연합회 및 여전도회전국연합회, 교회학교전국연합회 및 청년회전국연합회, 그리고 전국장로회 및 전국권사회로 분류할 수 있다. 이처럼 다양한 갈래의 평신도 성결 운동 단체가 서로 협업을 하면서, 성결교회의 평신도 운동을 주도하고 있으며, 목회자 그룹을 지원하는 든든한 협력 조직으로서 수면 아래에서 헌신, 봉사, 충성하고 있다.

그런데 이러한 여러 갈래의 평신도 성결 운동을 이해할 때 중요한 점은, 이러한 성결 운동 단체들이 동시다발적으로 설립된 것이 아니었다는 것을 인식하는 것이 중요하다. 성결교단의 평신도 성결 운동들은 하나의 뿌리를 공유한다. 그 뿌리는 '성청' 운동이다. '성청' 운동이라는 광대한 저수지에서 남전도회전국연합회, 여전도회전국연합회라는 평신도 성결 운동 단체의 싹이 나서 무성한 가지를 만들었고, 다시 '성청' 운동과 남전도회전국연합회의 모태가 되어서 전국장로회, 전국권사회가 태동되었다. 분명한 것은, 이러한 다양한 평신도 성결 운동 단체를 관통하고 떠받쳤던 토대는 '성청' 운동이다. 이러한 흐름을 벤다이어그램으로 그리면 다음과 같다:

성결교회 청년운동			
권사회	개척의 시대 (1986–1995)	성장의 시대 (1996–2005)	돌봄의 시대 (2006–현재)
장로회	태동기 (1950년대)	분열, 통합, 및 부흥기 (1960–1970년대)	발전기 (1980년대) / 중흥기 (1990년대) / 비약적 도약기 (2000년대)

⇑ ⇑ ⇑

교회학교전국연합				남전도회전국연합(여전도회전국연합)				
태동기 (1934–1950년대)	성장기 (1960년대–1970년대)	발전기 (1980년대–1990년대)	부흥기 (2000년대–현재)	여전도회	성결교전국부인연합회 (1934–1947)	신생부인회전국연합회 (1947–1967)	여전도회전국연합회 (1967–1982)	평신도여전도회전국연합회 (1982–현재)
				남전도회	태동기 (1961–1970년대)	도약기 (1980–1990년대)	안정기 (2000–2020년대)	새로운 모색기 (2020–현대)

⇑ ⇑ ⇑   ⇑ ⇑ ⇑

성결교회 청년운동							
초창기 (1934.01.–1943.12.)	수난기 (1943.12.–1945.08.)	재건기 (1945.08.–1950.06.)	제2의 수난기 (1950.06.–1953.08.)	부흥기 (1953.08.–1959.07.)	분열 및 발전기 (1959.08.–1973.09.)	성장기 (1970.10.–1999.12.)	정체 및 모색기 (2000.01.–현재)

위의 벤다이어그램이 보여주고 있듯이, 성결교회의 평신도 성결 운동은 '성청'을 토대와 모태로 하여 생성되었고 성장했다. 즉, '성청'의 주요 구성원들이 성장해서 교회학교전국연합회와 남전도회전국연합회, 여전도회전국연합회의 주요 회원과 지도자들이 되었고, 교회학교전국연합과 남전도회전국연합에서 훈련받은 지도자들이 성장하여 전국장로회의 주요한

지도력을 발휘했다. '성청'에서 출발하여 남전도회전국연합회
을 경유하여 전국장로회로 연결되는 지도력의 성장이 하나의
사이클이 되어서 평신도 성결 운동을 이끌어 왔다.

  이렇게 성결교단의 평신도 성결 운동사를 개관하는 것이 중
요한 것은 오늘날 성결교단이 교단 부흥을 위해서 전력투구해
야 하는 지점을 성결 운동사는 밝히 보여주기 때문이다. 즉,
성결교단의 평신도 부흥의 핵심은 광대한 '성청' 운동으로 소
급된다는 점이다. '성청' 운동이 모든 평신도 성결 운동의 기초
가 된 것을 성결 운동사는 밝히 보여주므로, 현재 우리 성결교
단이 다시 '성청' 운동의 외연을 확대하고 내실을 기하는 것이
향후 성결교단의 부흥과 성장의 핵심이라는 사실이다. 물론,
개교회적으로 "다음 세대"라는 이름으로 '성청' 운동에 유사한
부흥 운동을 전개하고 있다. 매우 고무적인 현실이다. 그러나
소위 다음 세대 운동을 교단의 '성청' 운동으로 확대 재편하여
교단적인 운동으로 전개하는 것이 우리 시대 성결교단이 힘써
야 하는 지점이다. 그렇다면, '성청'이 어떻게 해서 교단의 평
신도 성결 운동의 허브가 되었는지 고찰함으로 오늘날 성결교
단의 부흥 운동에 함의 하는 바를 성찰해야 한다.

2부

기독교대한성결교회
평신도 성결 운동 역사적 고찰

기독교대한성결교회 평신도 성결 운동의
효시로서 '성청' 운동

'성청' 운동의 역사적 고찰

초창기(1934.1.21.－1943.12.28.)

성청의 초창기는 제1기와 제2기로 나누어서 전망할 수 있다. 제1기는 성우 청년회의 탄생이라고 정리할 수 있다. "성우 청년회운동"은 1934년 1월 21일 오후 9시 경북 김천 남산성결교회에서 발생하였다. 당시, 김천 남산교회에 출석하는 7명의 청년들(안계완, 황성주, 이기창, 이상윤, 신대영, 여일심, 조용수)이 발기인이 되어서, 날로 사악하고 음란으로 가득찬 이 세상에서 회원 상호간의 신앙 향상, 미신자 전도, 그리고 회원 상호 간의 친목을 도모하기 위하여 "성우청년회"를 조직하였는데, 이것이 바로 "성청"의 모태가 되었다. 김천교회의 청년 조직인 성우청년회 조직과 활동사항을 참고하여 전국의 성결교회에 청년회 모임이 자발적으로 조직되었다. 한국성결교회의 청년 신앙운동의 발생지인 김천교회의 "성우청년회"가 성청의 모체가 된 원인은, 외부적인 원인에서 보다는 "성우청년회"에 내재한 순수한 성결신앙의 다이나믹에 그 원인이 있다고 생각된다.

첫째로 성우청년회는 진지한 기도운동을 하였다. 처음 회원 15명이 일치단결하여 "성우기도원"을 조직하고, 열심히 기도하였다. 매주일 밤 집회 후에, 회원 전원이 기도실에 모여, 자기와 동포와 교회를 위하여 압복 강변의 야곱과 같이 피눈물 나는 기도를 하였으며, 때로는 철야기도도 하였다. 처음에는 미약했던 청년회였지만, 기도하는 곳에 하나님의 축복과 역사가 나타나기 시작하면서 청년회는 성장하기 시작했다. 특히, 기도하는 이 청년회에 회개의 불길이 일어나면서, 숨은 부끄

러운 죄, 곧 절도, 간음, 사기, 횡령, 불효, 불목, 외식, 방탕 등 모든 죄를 통회 자복하는 놀라운 회개운동이 일어났다. 부모님께 잘못한 것은 부모 앞에 가서 자복하고, 형제, 친구 간에 불목한 것은 서로 손을 잡고 풀었으며, 기차를 무임승차 한 것은 철도국에 돈을 돌려주었고, 회사와 상점에서 횡령한 금액을 정확하게 계산하여 주인을 찾아가 회개하고 돌려주는 일등, 당시 김천 사회에 큰 센세이션(Sensation)을 일으켜 미신자를 놀라게 하였고, 이와 더불어 많은 초신자들도 얻게 되었다.

둘째로는 헌신적, 실천적 봉사를 하였다. 저들은 기도와 헌신을 청년회의 최고의 신앙가치로 삼았다. 기도와 헌신의 기반 위에서, 청년회는 교회를 위하여, 남을 위하여 봉사를 아끼지 않았다. 특히, 교회봉사를 위하여, 교회 내에 "성우철공소"를 설치하고, 회원 자신들이 풀무질하고 쇠를 짜르고, 녹여 붙이기도 하였다. 청년 회원들은 손수 함마를 두들겨서, 훌륭한 철종각과 아름다운 철대문을 만들기도 했는데, 이 일은 당시 교계에 너무도 장한 일로 오랫동안 회자되기도 했다.

셋째로는 전격적인 복음 전도운동을 하였다. 청년회원들은 받은바 은혜와 십자가의 복음을 전하지 않고서는 견딜 수가 없었다. 누구의 지시나 어떠한 보상도 없이 자발적인 의무감과 주체할 수 없는 이웃 사랑의 마음이 발동하여, 청년 회원들은 근무를 마치고 나면 나팔과 북을 가지고, 각기 자전거를 타고 무리를 지어 어두움을 뚫고, 찬송가 소리 높이 부르며, 인근 각 동리, 가깝게는 20-30리, 멀리는 80-90리까지 내왕하면서 복음을 전파하였다. 때로는 열심히 지나쳐 밤 12시가 지난 것도 모르고 온 동리를 깨워 복음을 외쳤던 웃지 못 할 이야기도 있었고, 당시 일본 경찰에 지목당하여 체포되어, 유치장에서 밤을 새워가며 전도하던 이야기도 전해지고 있다. 청년회원들의 전도를 통해서 얼마 안 되어, 다수동교회, 광천동교회, 대촌교회, 조마교회 등의 지교회를 설립하는 큰 열매를 맺기도 했다.

성청의 초창기에서 제2기는 전국 각 교회로 김천 남산교회의 성우청년회 조직의 눈부신 전도와 봉사의 활동상이 1937년 3월호「활천」에(황성주 목사 기고)"김천교회 성우청년회 활동기"라는 제목으로 대서특필 되자, 전국 각 교회가 이 일을 알게 되었고, 남산교회의 청년회를 본받아서 아무런 교단의 지시가 없었음에도 불구하고, 전국 각 교회가 성우청년회를 조직하던 시기를 제2기로 분류할 수 있다. 이제 김천의 남산교회 성우청년회는 기독교대한성결교회의 청년조직의 모델과 본보기가 되었고, 이러한 청년회가 각 교회 마다 조직되어 지교회의 부흥에 중요한 역할을 하였다. 성결교단은 자발적으로 일어난 각 교회의 청년회 조직에 대하여 대단한 자부심을 가지게 되었다. 왜냐하면, 장로교회는 면려회가 있었고, 감리교회에 "M.Y.F" 청년회가 있으나, 그 명칭이나, 운동의 발생 동기 모두가 한국이 아닌 외국에서 발생된 외국산이지만, "성결교회 청년 운동"은 우리나라에서, 우리 성결교회에서, 우리의 신앙 선배로 비롯하였다는 점 때문이었다.

제1수난기(1943.12.29.~1945.8.15)

제1수난기는 1943년 12월 29일 일제에 의해 교단이 폐쇄를 당한 때부터 조국이 해방하던 때까지다. 1907년에 성결교회가 한국에 처음 들어오고, 그 후 15년 만에 전국 각지에 33개의 교회가 설립되었고, 수천 명의 신도로 부흥되어 1921년에는 교회정치를 위한 과도적인 조치로 교단 명칭을 "조선야소교동양선교회성결교회"라 칭하고, 교회의 목회 정책을 세웠으며, 교회 창립 20여년 후인 1927년에는 연회(지금의 총회)가 조직되는 동시에, 우리 교단이 한국의 3대 교파로 자리매김 되는 장족의 진보와 부흥을 맛보게 되었는데, 이러한 부흥과 성장은 일찍이 기독교의 선교사 역사상 볼 수 없는 놀라운 결실이다.

그리하여 1937년에는 전 교회의 자립, 자급, 자치를 선언하고 실행했으며, 축호 전도대를 조직하여 남으로는 제주도, 북으로는 함경북도까지 아니 만주 넓은 벌판까지 가서 가가호호를 찾아 10여년을 걸쳐서 전도지를 배부하며 복음전파와 교회 설립 등에 눈부신 활동에 활동을 거듭했다. 그러나 제국주의 일본의 동양 제패의 야망으로 인한 미일 관계의 악화와, 일제의 기독교탄압이 본격화 되면서, 급기야 1943년 5월에 전국성결교회 교역자와 집사, 장로 수백 명을 검거로 주일 공예배 중지를 강행하더니, 동년 12월에는 우리 성결교단에 해산 명령을 내렸다. 교단이 해산 당하므로, 유기적인 조직과 아무런 교단의 시책을 펼칠 수 없었을 뿐만 아니라, 각 지방과 각 교회의 단위로 "성우청년회"를 조직하고, 청년 신앙운동의 싹이 막 자라나고 있던 교회들이 폐쇄를 당하자, 불같이 일어났던 "성우청년회"도 성결교회와 운명을 같이하고야 말았다. 그러나 성결교회가 폐쇄된 지 2년이 못되어, 일본제국주의는 패망의 쓴잔을 마시게 되었으니, 곧 1945년 8월 15일이었다. 이날은 민족해방의 날이요, 한국성결교회 부활의 날이며, "성청" 재건의 날이 되었다.

재건기(1945.8.15.~1950.6.25)

성청의 재건기는 1945년 8월 15일, 한국 민족이 해방하던 날부터 1950년 6월 25일, 거룩한 일요일 아침에 자유대한민국에 공산당이 남침하는 날까지로 잡을 수 있다. 이 시기를 2기로 나누어 본다면, 조선기독청년동맹의 결성과 활동과 왜정 40년의 착취와 굴욕과 질식이 물러간 후, 매였던 주의 종들이 교회로 돌아오고, 흩어졌던 양들이 다시 교회로 모여들고, 닫혔던 교회당 문이 열려지고, 무너졌던 제단이 다시 회복되고, 떨어졌던 예배당의 종을 다시 올려 달고, 이 강산 어디서든지 자유롭게 주의 이름으로 예배드리게 된 시기로 나눌 수 있다.

해방의 기쁨도 잠시, 38선으로 인하여 한반도는 양단되고, 그것으로 인한 불안과 공포와 압제로 인하여, 북한 동포들이 남한으로 밀려들게 되었고, 또 한편 '민주다! 공산이다! 이리해야 산다! 저리해야 산다!'라고 제각기 구호를 외치면서 이 구석 저 구석에서 우후죽순같이 정당과 사회단체가 일어나기 시작했다. 이로 인해, 모든 청년들이 노선 없이 방황하였고, 허울 좋은 유물사상에 빠지는 일이 부지기 수였다. 이때에 기독 청년들은 하나로 굳게 결속해야 할 것을 느꼈다. 그리하여 1945년 8월 15일, 해방이 되자 사흘 후엔 8월 19일, "피어선성 경학교"에서 각 교파(감리교, 성결교, 장로교-성결교회 대표는 윤판석) 8인이 모여 "조선기독청년동맹"을 조직하였다. 이 때는 아무런 의무나 조건 없이 각 교파의 청년들이 함께 결속했다.

조선기독청년동맹은 교파적 대립이나, 지역적 갈등 없이 하나로 묶인 청년 신앙조직이었다. 북한과 해외에서 모여든 모든 재외동포의 구호를 위하여 일치단결 하였으며, 가두 구호금 모금과 수용소 설치, 치료소 설치 등 눈부신 구호 운동을 전개하였고, 밀려드는 유물사상과 이와 연동된 사회악을 막기 위해 전개된 강력한 국민운동, 애국운동에 중추적 역할을 담당했다. 그 같은 신앙적 진정성에서 발원된 강력한 기독청년의 활동은 당시 교회 지도자는 물론, 일반 정치 사회단체에서도 주목하기 시작했다. 1946년 3월 서울 정동교회에서 "기독청년대회"가 개최되고, 여기서 전국적인 초교파 기독청년 조직체의 구상을 토의하고 "일제의 탄압으로 한국의 각 교파가 단일 교단으로 통합되었지만, 그것이 한국 사회의 미래를 위해 좋은 것이므로 그대로 지속해야 한다."는 표어 밑에서 "한국 기독청년 전국연합회 조직준비 위원회"가 발족되므로, 한국사회와 교회에서 조선기독청년동맹은 더 많은 주목을 받게 되었다.

이러한 흐름에 반하여, 한국교회의 지도자들은 일제 강압적인 탄압에 의해서 한국기독교가 단일교단이 되었는데, 다시금 교파로 환원하려는 운동을 전개하기 시작했다. 그러나 청년들은 "남북이 분열된 이 나라에서 청년만이라도 하나의 교회 아래 뭉치자"는 큰 뜻 아래에, 모든 어려움을 극복하고, 1947년 3월 서울 승동교회에서 "한국 기독교회 청년회 전국연합회"를 창립하였다. 이를 기화로, "조선 기독청년 동맹"은 발전적 해체를 하고, 1948년 10월 서울 정동교회에서 "한국 기독교회 청년회 전국연합회" 제2회 정기총회를 개최하였다. 이 정기총회에서, 교파지도자 간의 논의가 있었던 교파 환원문제에 따르는 교파 청년연합회 조직론이 대두되었으나, 교파 지도자들의 적극적인 반대로 마침내 동연합회는 일단 해산을 선포하고, 청년은 각 소속교파로 돌아가서, 각기 교파 청년연합회를 조직하기로 결의하였다.

그 결과, 드디어 성결교회 청년회 전국연합회 조직(1949.4.16.~1950.6.25.)의 시대가 출발하게 되었다. 그러므로 1949년 4월 16일이 성청 전국연합회의 탄생의 날이 되었다. 실로 감격스러운 날이었다. 왜냐하면, 성결교단은 1945년 8월 15일 광복 이후, 불과 2, 3년 지나서 해방 전 배수의 교세로 교단이 재흥되었으나, 본래 성결교단이 청년운동이나, 어린이의 종교교육 운동을 등한시 하거나 도외시 하는 경향성이 있어 왔는데, 전국적인 청년연합조직체를 조직하였던 것이었다. 이러한 일이 가능할 수 있었던 것은, 윤판석 씨가 "기독청년동맹"과 "한국기독교회청년전국연합회"의 중심이 되어 주었기 때문이었다. 윤판석 씨와 당시의 몇몇 청년들은 "교회의 봉사자는 청년이다. 교회정치의 기반은 청년이라"는 철저한 신념을 갖고, 교단의 지도 목사님들과 격론에 격론, 신중에 신중을 기하여, 철야 토론까지 벌여 가면서, 마침내 1949년 4월 서울 아현교회당에서 "성청 전국연합회"의 역사적인 조직을 보게 되었다. 그리고 동년 8월에 "대전여고당"에서 일개 교파로써 처음 볼 수 있는 "성청 제1회 전국대회"를 성대하게 개최하였으며, 익년 1950년 4월 서울에서 "제2회 정기총회"를 개최하고 "제2회 성청주일" 행사에 대한 가결과 청년운동에 필요한 10대 사업 등을 가결하였다. 이렇게 조직된 "성청"이 1년이 지나자, 서울, 중부, 충청, 경남, 전남의 5개 지방연합회와 수백의 지회를 갖게 되었고, 또 초기적인 부흥심에서 청년다운 생기가 있는 청년운동을 전개하였다. 청년들을 중심으로 펼쳐진 교회봉사는 물론, 철저한 청년들의 신앙의 훈련을 이해 못하던 교회 지도자들도, 본 "성청운동"에 적극 가담하여, 솔선 후에 후원을 더하게 되었으나, 꿈에도 잊지 못할 6·25 사변으로 인해 "성청"은 또 다시 수난의 늪에 빠지게 되었다.

제2수난기(1950.6.25.~1953.8.26)

제2의 수난기는 6·25전쟁 시기부터 성청 제3회 전국대회까지로 설정할 수 있다. 1950년 6월 25일 북한 공산군의 남침으로 해방의 기쁨을 잠시 맛보았던 한국교회는 또 한 번 수난의 역사 속으로 빠져들게 되었다. 6.25전쟁으로 인하여, 성결교회도 교회당 전부가 파괴되었고, 수많은 목사와 성도들이 순교와 납치를 당하였다. 이 국가적 위기의 상황에서, 성청의 젊은이들은 민족이 당한 위기를 좌시할 수가 없어서, 가족을 버리고, 교회를 버리고, 국난 극복의 대열에 합류하여, 공산군과 싸웠다. 이러한 이유로, 성청의 젊은 성도들은 교회와 가족을 돌보지 못함은 물론, "성청운동" 역시 중단치 않을 수 없었다.

그러나 하나님의 도우심으로 1951년 4월 임시 수도 부산 수정교회에서 감격적인 제3회 정기총회를 개최하였고, 1952년 4월 피란 도중에, 대구 향촌교회에서 제4회 정기총회를 개최하였으며, 획기적인 사업안으로 지방교회 순회와 "십자군 전도운동, 성구 포스터 제작, 전도운동, 성청 수양관"등 다수의 미래 지향적인 안건을 결의했다. 특히, 세계기독교청년대회에 성청 대표의 파견도 의결했다. 더불어, 동년 8월 27일에는 대전에서 감격적인 "성청 제2회 전국대회"을 동란 후 두 번째로 개최했는데, 수백 명의 성청 회원들의 참가했다.

그러나 이러한 성청 조직의 회복 분위기는 중공군이 한국전쟁에 개입함에 따라서, 물거품처럼 날아가 버렸다. 대전 이북이 완전히 수복되지 않아서 경상남북도와 전라남북도를 제외한 지방은 아직 교회의 문도 채 열지 못하였고, 부산을 제외한 경상남북도와 전라남북도 역시 전쟁의 상처가 심하여, 교회와 성청 조직이 정상적으로 움직일 수 없었다. 이러한 상황에서 부산으로 모여들기 시작한 성청 회원들은 우선적으로 전쟁으로 피해를 입은 지방교회의 실태 조사와 청년회 활동의 부활을 목표로 삼고, 전국을 3대로 나누어 순회를 하는 등 많은 노력을 기울였다.

부흥기(1953.8.28.~1959.7.25)

부흥기는 제3회 전국대회 이후로부터 교단분열 전까지의 시기를 지칭한다. 성청의 역사에서 제3회 전국대회는 매우 특별한 의미를 지니고 있다. 제3회 전국대회는 그 규모면에서 최고로 많은 회원들이 참여한 대회였고, 강력한 성령의 역사가 임재 했던 대회였으며, 성숙하고 진지한 토론과 연구가 진행되었던 대회였다. 제3회 전국대회를 기점으로 성청은 폭발적으로 부흥하였고 조직도 매우 튼실해 졌다. "성청"은 매년 4월에 정기총회를 갖는 것은 물론, 전국 대회로는 2년에 한 번씩

(두 번은 지도자 강습회와 희년 기념대회)를 열었으며, 이 밖의 정례적인 행사로 전국체육대회, 전국웅변대회, 전국찬송가, 경연대회와 전국성경경시대회를 개최했다. 더불어, 9개 산하지방연합회서도 이 발전기에 들어서는 회원 배가운동, 전도사업, 신앙과 체육운동을 통해서 회원 간의 유대를 강화하고 조직의 확대를 도모했다.

이 부흥기의 성청은 각각의 지방연합회마다, 전도협회의 조직을 하고, 가난한 농촌교회와 무교역자 교회에 전도사와 목사를 파견하였으며, 해마다 지련대회를 성황리에 열고 있다. 1954년에는 서울의 수복 후 처음으로 서울신학교 대강당에서 "성청 제6회 정기총회"를 개최 하였는데, 전영식씨가 회장에 취임한 이래로 성청의 발전은 더욱 가속화되었다. 성청은 안정적인 재원 조달을 위해서 "성청새한기업사"를 창립하였는데, 이 기업사의 십일조로 약 3−4년 동안 성청의 전임총무와 간사의 인건비를 충당하기도 하였으며, 성청새한기업사에 성청의 주금(株金)이 일백 수십 만 환에 달하게 되었다. 또한 주한 O.M.S의 호의와 이정률씨의 헌신적인 노력으로 30호에 가까운 성청 회보를 출간할 수 있었으며, 1956년도와 1957년도에는 성청이 각 지련에서 모금한 회비 100만 환을 "대만선교비와 강원도지방 선교비"로 전달했다. 1958년도에는 성청이 기본재산 400-500만 환을 기금으로 조성하여 성청장학회를 설립하였는데, 성청장학회는 지방교회 교역자의 자녀 10여명에게 전장학금을 지급하였고, 성결교회 성도들의 자녀 15-16명에게는 부분 장학금을 수여하였다. 이러한 성청의 발전과 활동을 보면서, 모든 교회들이 성청 조직이 교회에서 없어서는 안 될 기관으로 인식하게 되었고, 청년들에게 성결교단의 장래가 달려 있다는 것을 절감하게 되었다.

성청의 분열 및 발전기(1959.8.-1973.10.)

순풍에 돛을 단 듯이 성장에 성장을 거듭해 오던 성청이 예상치 않은 갈등과 분열의 소용돌이 속으로 들어가게 되었다. 한국교회를 강타한 에큐메니칼 운동에 대한 엇갈린 평가 때문이었다. 에큐메니칼 운동의 소용돌이가 한국교회를 어지럽히자, 1959년 에큐메니칼 운동 시비를 둘러싸고 장로교회가 분열되었다. 이 영향은 성결교회에까지 파급되었다. 우리 성결교회도 한국기독교교회협의회(NCC)와 복음동지회(NAE) 사이의 논쟁으로 금이 가기 시작하였다. 1946년 9월 3일에 조직된 N.C.C는 연합운동 기관이요, 대외적으로 교회가 연합체를 이루어 교회 재건에 이바지하고 있었다. 성결교회도 이 모임의 중요한 멤버로서 참여하여 부흥운동에 앞장서 있었다. 그런데 문제는 NCC의 신학적 경향성이 자유주의적인 색채를 띠고 있었다는 점이다.

19세기 이후 사상의 혼란과 세속주의와 자유주의 신학의 대두로, 성도들의 건전한 신앙성장이 심각한 위협을 받게 되어서 건전한 복음주의 신앙과 신학이 요청되었다. 이에, 미국 세인트루이스에서 복음동지협회가 조직되었는데, 이것이 N.A.E로 발전되었다. 복음동지협회는 교파연합운동이 아니고 순수한 신앙적 협동체로서 복음 중심의 신앙운동으로 전개되었다. N.C.C는 연합운동기관이요, N.A.E는 순전히 신앙운동 단체였음에도 불구하고 세월이 변함에 따라 N.A.E도 연합운동의 성격을 띤 종교단체로 변하였다. N.C.C(회장 김창근 목사)와 N.A.E(회장 황경찬 목사)는 신앙 노선에 있어서 현격한 차이를 보이고 있어 갈등은 불가피 했다. 이러한 NCC와 NAE의 갈등은 각 교파는 물론, 성청에도 양대 신앙 노선에 대한 양자택일이 불가피했고, 선택의 과정에서 분열은 당연한 수순이었다. 이렇게 시작된 분열의 조짐은 제14회 총회와 제15회 총회에서 탈퇴를 보류한 채 더 깊은 연구에 매진할 것을 결의했지만, 제16회 총회에서 구체적 분열의 이상 기류가 나타났다.

당시 두 연합기관의 탈퇴 보류를 못마땅하게 여기며 구성되었던 "보수동지회"가 정치적인 색체를 띠고 독립문교회에서 단독회의를 개최함으로써 상처의 분열을 구체화시켰다. 이렇게 시작된 교단분열의 싸움은 결코 N.A.E와 N.C.C의 싸움이 아니었고, 싸움의 성격도, 내용도 많이 달라져 있었다. N.A.E 와 N.C.C의 지도이념의 차이와 파벌의식, 개인감정, 그리고 시대적 영향으로 인하여 새로운 교단 즉, "예수교 대한 성결교회"가 탄생 되고야 말았다. 애석한 점은, 교단이 분열되자, 그 산하기관들도 모두 분열되었다는 것이다. 그러므로 교단이 분열되면서 성청도 나뉠 수밖에 없었다. 젊은이들이 아무리 안타까워해도 조직사회와 교회에서는 주장과 신념에 따라 행동할 수밖에 없었다. 1961년 4월 14일 교단 분열과 함께 성청도 분열되고 말았다. 하나의 조직체를 무너뜨리기는 쉬우나 이것을 재건하기에는 몇 배의 힘이 더 요청되기에 교단과 성청의 분열은 매우 뼈아픈 것이었다. 당시 회장을 위시하여 거의 모든 임원들이 예성으로 옮겨갔고 운영하던 사업체와 성청의 재산도 예성의 임원들이 가져갔다.

교단이 분열되고 합동하기 전 성청은 1963년 4월 27일 대전중앙교회에서 제12회 정기총회를 열었고, 익년 8월 18일에는 부여중앙교회에 41명의 대의원이 참석하여 제13회 정기총회를 개최하였다. 결의 사항으로, 시대가 요구하는 부서들이 조직되었으나 제대로 실천화 되지 못하였다. 이유는 여러 가지가 있겠으나 산재한 자원을 개발하고 이것을 실천할 강한 리더십과 구심점이 매우 약했던 것이 사실이다. 교단 분열과 약화된 성청의 힘은 결의한 사항을 전문적으로 연구하고 집행할 상임 간사가 없고, 1년에 몇 번 모이는 임역원들의 모임 역시 회의로 끝나 버리는 경향성이 있었다. 교단의 분열은 성청인들에게 많은 불만과 교단에 대한 회의감을 가져 다 주었다. 그리고 하나님의 뜻과 인간의 뜻의 한계성에 대하여 심각하게 생각하게끔 하였다. 그럼에도 불구하고, 교단은 분열되었으나 성청운동은 계속되었다. 조직 정비와 후유증 치료에 만반의 노력을 하였고, 1965년 7월 23일 교단 제1차 합동과 더불어 성청도 동년 10월 9일 혜화동교회에서 제14회 총회를 개최했다.

교회는 질서 있는 조직체요, 성청운동 또한 교회의 질서를 유지하며 교단의 지도 아래서 성장하여야 하는 기관이었다. 그런데 가끔은 교회나 지방회, 총회의 일에 젊은이들이 관심을 가지고 의견을 직접 간접으로 나타낼 때가 있다. 이것은 교회가 상회(上會)를 사랑하는 마음이며, 젊은이들의 뜨거운 충정에서 나온 호소이기 때문이다. 예성과의 제1차 합동총회를 열었기 때문에, 성청도 합동총회의 염원 속에 예성 측 청년들과 의논하였으나, 1965년 7월 26일부터 7월 30일까지 예성청년회는 제13회 총회와 제9회 전국대회를 삼각산 제일기도원에서 일방적으로 개최하고 말았다. 우리 성청도 4차에 걸친 연기 끝에 1965년 10월 9일 혜화동교회에서 제14회 정기총회를 개최하고 회장에 김연식씨를 선출했다. 그러나 이것이 교단본부로부터 불법집회라고 치리를 받았고, 정당한 조직이 아니라는 공문을 접수받고 성청은 일대 혼란에 빠졌다. 급기야는 해명서와 더불어 성청의 소신을 밝히는 글을 연합회 이름으로 내기도 하였다.

기성과 예성은 합동을 이루며 성장해가고 있었으나, 산하 기관인 성청은 결코 기성과 예성이 이룬 합동의 기쁨을 맛볼 수 없었다. 교단과 성청 사이의 줄다리기가 계속되어 오던 중 4월 교단 총회 전 성청 총회를 개최해 달라는 교단 측의 입장을 무시해 버리고, 성청은 제16회 총회를 1967년 8월 10일 충북 보은에서 개회하였다. 당시 수습총무가 기지와 능력을 발휘하여 제16회 총회를 은혜 중 마쳤으며, 성청 발전의 기틀을 마련하는 총회가 되었다.

성장기(1973.10~1999.12)

1970년대에 접어들면서, 성결교회는 민족 복음화 운동과 교회 성장운동의 열기가 매우 뜨거웠다. 이러한 부흥과 각성의 기류에 편승한 성청운동 역시, 그리스도와 교회를 위한다는 중차대한 사명감 속에 본격적인 성장과 부흥을 경험하게 되었다. 한국교회사와 성결교회사를 보면 수난과 부흥이라는 공식을 바탕으로 교회가 성장하여왔는데, N.C.C와 N.A.E로 말미암아 촉발된 분열의 총회가 1965년 7월 23일에 합동을 이루었는데, 이 여세를 몰아서 1973년에 제2차 합동운동이 다시금 전개되었다. 서울 신촌교회에서 제2차 합동 총회 환영회를 개최함에 따라서 성청도 급변하는 교단의 움직임에 발을 맞추어 나갔다. 합동의 정신으로, 동년 10월 2일 제11회 전국대회 및 제19회 총회를 대의원 70명이 모인 가운데 한국기독교수양관에서 개최하였다. 이러한 전국대회와 총회를 통하여, 성청도 영적활동의 영역과 성청회원들의 자질향상과 사회활동의 확대로 말미암아 교회와 지방과 전련의 합일된 모습으로 보조를 함께 맞추어 나감으로써, 영향력 있는 "선교교육봉사"가 중심이 된 선교단체로서의 시대적 사명을 절감하기에 이르렀다. 그래서 성청의 3대 강령을 모토(Motto)로 하여 선교전략을 세웠고, 이에 따르는 구체적인 활동 지침과 목표를 수립하여 강력한 추진력 위에서 영적훈련을 다하는 기관으로 환골탈태하였다.

당시 성청이 급속도로 성장하게 된 배경에는 전국 순회전도대회와 뜨거운 기도의 힘이 있었기 때문이라고 말하여도 크게 틀린 말은 아니다. 이 운동의 목적은 ① 임원진과 지련, 개교회의 성청인이 그리스도의 사랑으로 맺어진 형제와 자매의 우의를 돈독히 하고 ② 성청인의 인식과 유대강화, 조직적인 움직임을 위한 집약된 힘을 바탕으로 자신의 위치와 자세를 재확인하는 계기 삼는 것이었으며 ③ 미조직지련을 조직화하고, 교회의 부동운동의 초석이 되는 것이었다. 이 운동이 성청이 성장할 수 있는 커다란 밑거름이 되었을 뿐만 아니라, 이 운동이 지속가능할 수 있도록 후속 사업들이 개발되고 시행되었다. 1973년 10월 2일 제19회 총회에서는 성청주일을 기념하여 각종대회를 개최하고 모범지방을 표창하였으며, 간담회를 실시하기로 하였는데, 이 사업은 오늘에 까지 이르러 매년 3월 혹은 4월이 되면 성청주일기념전국대회를 열게 되었다. 시국이 어수선할 때에는 시국선언결의문을 채택하여 성청인의 사회참여 의식을 높였고, 불우 나환자를 방문하여 소외된 이웃을 돌아보는 일에 게으르지 아니하였으며, 전도봉사대를 조직하여 농촌계몽과 봉사활동에 일익을 담당하기도 하였다.

성청이 1970년대에 들어서면서 장족의 발전을 거듭할 수 있었던 것은 성청에 목숨을 건 헌신자들이 많았기 때문이었다. 특히, 박홍일 증경회장 같은 성청의 선배는 국가공무원으로서 철저한 성청인이 되었는데, 그가 쏟는 성청에 대한 사랑과 애착은 대단하였다. 성청인들은 시대의 증인으로서 사명을 다하는 그리스도의 부름 받은 군사로서의 자세를 확립하는 용단이 필요했기에, 신년 초 전국의 젊은이들이 한데 어우러지는 신년금식기도회를 개최하여, 영적 힘을 비축하는 일에 힘쓴 것은 성청인의 자랑으로 남아있다. 1977년 1월 1일부터 시작된 신년금식대성회가 지속적인 성청의 대표적인 기도회로 성장했고, 모임의 인원도 1,000명을 상회하는 대집회로 변모되었다. 이것은 그동안 꾸준히 기도해 온 열매로써, 성청인의 자부심을 일깨워 주는 데 큰 힘이 되리라 확신한다. 이처럼 발전해 가고 있는 성청은 전국의 회원들이 함께 기도하고, 관심을 가져주고, 헌신해준 덕분이며, 그 결과 27개 지방연합회로 성장할 수 있었다. 또, 70년대와 80년대의 증경회장인 신명범, 박흥일, 조철우, 김세창, 유지수, 남철은 제씨의 노력의 결과였음을 또한 잊지 말아야 한다.

새로운 모색기(2000.01-현재)

기독교대한성결교회 청년회전국연합회는 새로운 모색기에 접어들었다. 청소년부와 손을 잡고 '청년부흥캠프'를 진행하면서, 새로운 청년세대와 소통을 통해서 새로운 도약을 모색하고 있다. 이 시기에 새롭게 대두된 SNS와 유튜브 동영상, 및 카톡을 통한 활발한 전도와 성경공부를 실시하려는 실험적인 시도들이 있었다.

현대 시대에 청년들의 요구에 맞는 프로그램 개발과 동시에 사중복음 영성으로 새롭게 거듭나는 영성집회를 통해서 성청은 새로운 도약을 모색하고 있다. 다음 세대라고 칭하는 청소년들과 청년세대에 대한 관심을 적극적으로 표명하고, 이들이 선호하는 집회를 기획하고 진행하는 교회들이 늘어나고 있는데, 특히 신길교회(이기용 목사)의 전폭적인 지원과 지속적인 관심은 성청운동을 오늘날 다시금 되살릴 수 있는 기폭제로 작용하고 있다.

성청운동의 활동 고찰

지방순회

"성청"이 지속적으로 펼쳐왔던 가장 중요한 사역은 "지방순회"다. 그리하여 이 지방순회 행사와 "성청"과는 불가분의 관계인 것처럼 되어져 내려왔고, 또 "지방 순회"가 성청의 생명인 것처럼 여겨 왔다. 직업에 얽매이고, 재정의 궁핍과 청년운동의 몰이해 속에서도 "성청"이 모든 어려움을 극복하여, 계획된 기간 순회와 장기적인 총무의 순회를 통하여, 지방의 사정을 파악하고, 청년회의 조직 강화와 그 부흥 발전을 모색하였다.

특히 "성청"은 이 "순회사역"에 사활을 걸었는데, 순회를 하면 할수록 날로 더욱 이 "순회"의 존재 가치가 무겁게 느껴짐을 금할 수가 없어서, 성청 제4회 정기 총회에서는 "성청 순회 전도자"를 두기로 하였으나, 재정 문제로 그 일이 이뤄지지 못하였다. 그리하여 제7회, 제8회, 제9회 총회에서 의결하여, 교단 총회에 "청년부 전임지도 총무"를 교단 청년부에 설치 임용을 건의했으나, 응답을 얻지 못했다. 한편, 4, 5년을 지속적으로, "성청"이 해마다 O.M.S 본부에 "청년 전임 지도 선교사"의 파송을 건의해 왔으나, 이 역시 관철되지 못했다.

"성청"이 지방 순회 사역을 강화하기 위한 노력은 이것만이 아니었다. 성청 제5회 정기총회에서 지방 순회를 보다 원활하고 기동성 있게 진행하기 위해서, 교단 총회와 O.M.S 에 "순회용차량"을 마련하여 주실 것을 건의하기로 결의하고, 그 해결을 위하여 적극적으로 힘썼다.

이 순회는 농촌의 농한기와 학교 방학기인 여름철과 겨울철에 전련 실행위와 임원회에서 마련된 계획에 의하여 대부분 임원들로 조직된 수개의 순회대에 의한 분담 구역 순회를 말하는 것이다. 성청의 임원들은 봉사적 정신에 입각하여, 개인들의 사업과 학업도 돌보지 않고 수십차례 지방을 순회하며, 지방 교회 청년회 조직과 연합회의 조직을 지도할 뿐 아니라, "성청"의 진로와 사업 내용들을 지도하였고, 또 교역자 없는 교회들의 임시 목자, 순회 목자 노릇까지 하였다.

6·25이후 처음으로 조직적인 대순회를 하게 되는 1953년도의 1차 순회를 교계는 상당한 기대를 가지고 주목하게 되었다. 그리하여 당시 부산 동광교회의 당회가 이 일에 크게 관심을 갖게 되었는데, 동광교회 당회는 청년회로 하여금 1월 11일에 파송 대원을 초청하여 성대한 "순회 대원 파송 예배"를 거행할 수 있도록 적극적으로 후원해 주었고, 널리 부산 여러 교회에 광고해 주었다.

회보 "성청"

암흑과 혼돈으로 엉킨 한민족의 운명을 타개하는 데 있어서 탁월한 정치력과 경제성장에만 기대할 것이 아니라, 기독교의 문서 전도의 중요함을 성청은 깨닫고 힘 있게 전개해 나갔다.

특히, 기독교 문서전도는 깊은 기도 속에 성서 진리와 일반 과학 탐구에 노력하여 종교 문학의 수준을 극도로 앙양시켜 다채롭고 흥미 있는 수준 높은 전도를 모색하고 지향하였다. 그리고 이러한 문서전도 사역을 기독 청년들의 사명과 민족의 활로로 인식했다.

　문서선교의 일환으로 회보를 발행했는데, "성청 회보"는 1949년 4월 29일 "성청 전국연합회"가 창립되는 동시에 창간되었다고 추정한다. 지금은 "성청" 1호가 전해지지 않고, 또 그 자세한 기록이 6·25로 인하여 모두 유실되어서 자세한 기록을 알 수 없다. 다행히도 6·25전에 발행된 "성청" 제5호 (1950.4.17.)가 전해지고 있어서, 6·25동란 전의 모습을 엿 볼 수 있다.

　회보의 체제는 1호부터 5호까지는 타블로이드판이었고, 지면도 1호는 특별히 10페이지 넘었으리라고 짐작된다. 2호 이후, 5호까지는 거의 4편 정도로 발행되었을 것으로 추정된다. 초기 성청의 임원의 중요 멤버가 목사 직분을 가진 회원이었기 때문에, 5호의 발행인의 명의가 김창근 목사이고, 그 편집인이 양석봉 목사인 점을 감안해 볼 때, 1호부터 6호까지, 즉 6·25동란 이전에 발간된 회보의 내용은 대부분 설교가 아니면, 성서강해와 성서 인물의 소개 정도와 연합 기구와 지방 개교회 청년회에게 하달하는 공문의 내용, 교회의 소개 및 교역자 제직들의 이름을 널리 알리기 위한 광고가 게재되었을 것으로 사료된다. 그러므로 엄격하게 말하면 초창기 성청회보는 청년회의 기관지답게 청년들이 글 쓴 기관지가 아니었다. 대개가 목사님들의 글이었다. 그것도 그럴 수밖에 없는 것은, 초창기에 성청을 육성하는 뜻에서나, 또는 초창기의 성청에 지도적 역할을 할 청년이 발견되지 못한 까닭에 목사님들이 마중물로서 그 역할을 충실히 수행했다.

1950년 9월 28일 서울이 공산군으로부터 다시 수복된 지 3개월이 채 되지 않아 1·4후퇴의 쓰라린 고통을 또 맛보게 되었다. 서울 시민 100만을 위시하여 대전 이북에 속한 모든 지역에 사는 사람들은 또다시 남으로 내려가게 되었다. 성청 전련도 교단 본부와 함께 이리저리 밀리는 고된 피난살이를 하다가 동년(1951년) 8월에 "성청 제3회 총회"를 부산에서 개최하게 되었다. 제3회 총회에서 성청은 평신도적 운동으로 돌아 가야한다는 의견이 강력하게 피력되었는데, 이러한 지배적인 의견 위에서, 발전적인 임원 선출을 해보았으나, 뚜렷한 성과를 거두지는 못했다. 이듬해(1952년) O.M.S본부에서 길보른, 혜인스 두 선교사가 내한하자, 이들을 통해서 물심양면의 적극적인 후원을 받아 재기의 힘을 얻은 성결교회 총회는 비장한 결의를 하고 교회 재흥의 길로 박차를 더욱 가했다. 여기에 고무된 성청 회장 윤판석 장로를 비롯하여 전 임원이 비장한 각오로 동년 4월 15일에 대구의 동촌교회에서 "제4회 총회"를 비상소집하여, 원칙을 대폭 수정하고, 긴급을 요하는 다음과 같은 결의 사항을 채택하였다: ① 지방 성청 사업과 그 사항을 실지로 파악하는 동시에 그의 지도 육성을 위한 지방 순회를 철저히 계획 실시할 것과 ② 어떤 어려움이 있더라도 "성청회보"를 속간 발행할 것과 ③ 8월에 전국의 성청원들의 심령부흥을 위한 전국 대회를 개최할 것 등을 결의하였다. 이렇게 되어 동년(1952년) 6월 13일, 26개월 만에 "성청 회보 제6호"를 다시 속간하여 세상에 다시 내놓게 되었다.

물론, 회보 한번 내기가 쉬운 일은 아니다. 그러나 4회 정기 총회에서 성청의 첫째 사업으로 한번 결의한 후, 6호가 나오기까지 즉, 서울을 수복하여 복귀하기까지 만 2년 동안, 비록 피란 객지에서라도, 꾸준히 순회하여 지회를 육성 지도하는 한편, 순회에서 돌아와서는, 성청의 회원들은 "성청 운동"이 자기들의 본 직업인 듯이 여기고, 밤낮으로 회보를 제작하는 데 혼신의 힘을 쏟아 부었다. 보람이 헛되지 않아, 2년간에 10호를 거듭해 내었고, 회보의 체제를 일대 갱신하여 일간신문과 동등하게 타블로이드판으로 4면 내지 8면의 발행을 단행했다. 내용도 지금까지의 회보는 회보라기보다는 일종 설교집이나 일반 교회 인사 소개 정도의 수준이었지만, 새롭게 속간된 회보는 청년들을 위한 설교와 메시지를 실었고, 전련의 사업내용, 지방 청년회의 활동 상황 및 청년들의 신앙 간증, 정치적인 시대적인 논설, 청년들의 건의와 같이 광범한 주제의 내용들을 게재했다. 특히, 성결 교회 청년회의 시책 등을 대서특필하여, 회보가 각각의 교회로 배달되어 청년회 육성에 일조하도록 싱크탱크 역할을 하게 했다. 물론 거기에 실린 원고도 "성청회보"답게 집필자는 청년회 지도자도 있었지만, 청년 자신들의 글을 보다 더 많이 게재했다. 또, 당시에 사회의 어느 일간신문이나 주간신문들도 가로 글씨 조판을 단행하지 못하고 있는 상황에서, 유독 우리 "성청 회보"만은 7호부터 가로글씨 글씨체로 제작해 오고 있다.

1955년 4월 "성청" 7회 정기총회에서는 수다한 사업안을 결의하는 중에도, 특히 성청 전련에 유능한 유급 총무를 두고, 또 어떤 어려움이 있어도 매달 "회보"를 내도록 하자는 비상한 결의를 하였다. 그러나 재정의 빈곤으로 총무의 인건비가 해결되지 않아, 4, 5만 환의 금액을 임원 전원이 각자 부담키로 하였으며, 또 회보 발행비는 O.M.S의 도움을 얻어, 그 발행비의 전액을 보조 받아, 이듬해 4월 총회 시까지 거의 매달 회보를 발간하였다. 이렇게 매달 회보를 발간한 것은 임원과 실행위원 전원이 하나가 되어 "회보"에 주력한 까닭이다. 17호부터는 회보에 대한 인식과 면모를 새로이 하는 뜻에서 제호 "성청"이라고 한글로 고치고, 그 제자를 교단의 원로이신 이명직 목사님으로부터 글씨를 받고, 사용하기 어려운 타블로이드판 체제를 다루기 간편한 국판으로 바꾸었다.

1956년 4월에 열린 "본회 8회 총회"에서는 "성청" 회보를 보다 나은 체제와 내용을 갖춘 것으로 만들어 내기 위한 결의를 하였다. 즉, 본 성결교단 안에 있는 주교와 부인회 그리고 성청 세 기관의 기관지를 통합하여 잡지 형식의 방대한 페이지를 가지는 종합 잡지로 발행키로 결의하였다. 이렇게 된 후 "성청"에서는 동년 5월 25일에 25호 "성청" 회보를 마지막으로 하고, 부인회와 주교와 청년회의 합동 기관지(제호:「교회교육」)의 발행권을 교단 총회 총무에게 일임했다. 그러나 이의 수임 사무가 잘 진행되지를 않다가 그해가 다 가기 바로 직전 12월 20일에야 비로소 합동 기관지「교회교육」1호의 탄생을 맞보게 되었다. 애석하게도, 통합에 통합을 거듭하여 크게 낳아 놓은 첫「교회 교육」은 낳은 즉시 단산되어 버렸다. 만일, 이 기관지 통합이란 사업만 아니었어도, 여러 가지 고난 속에서도 한두 달에 한 호씩을, 이것도 못하면 6개월에 한호로 "성청" 회보는 지금까지 계속 발행되어 오지 않았을까? 라는 아쉬움이 남는다. 크게 계획했던 기관 합동지「교회 교육」이 가까스로 난산된 후, 단산되었더라도「활천」지의 고마운 혜택이라도 받았더라면, 우리 "성청회보"는 오늘까지 명맥이 유지되었을 지도 모른다. 적지 않은 비난을 받아가며, 1957년 3월에 교단의 헛된 노력으로「교회교육」의 탯줄을「활천」으로 이어놓은 후,「활천」과「교회교육」을 통합시켜 소위 교단 종합기관지 격으로 확대 개편된 제272호와 273호(57. 9. 10 발행)을 내놓고, 그 이후에는 흐지부지되어 버렸다.

이처럼 어렵게 회보의 출판이 진행되어 오던 중 1976년 10월 20일(속간 제1호, 통권26호) 당시 회장이던 박홍일 집사는 중단된 "성청"을 속간하기에 이르렀다. 이때 속간된 "성청"은 신문형식의 계간으로 발행하였고, 화보와 더불어 속간사, 총회장의 인사 말씀, 전국대회의 낙수거리, 축사, 지련 안내 등을 삽입했다. 애석하게도, 이렇게 시작된 회보는 1977년 5월 1일 제2회 통권 27호를 펴내고 중단할 수밖에 없었다. 그러나 문서선교의 중요성이 대두되고 각 지련과 개 교회에서의 요청이 쇄도하여, 중단되었던 성청 회보는 1980년 신년을 맞이하면서 금식기도 중 성청 문서선교를 위하여 다시 월보 성청을 펴내기로 의견을 모으고 편집인과 편집기자를 임명했다(발행인: 김세창; 편집: 임정호; 기자: 최종철 문대우 김대연). 동년 7월 5일 월보 성청1호가 발간되어 전국교회에 발송되었고 (1,000부제작), 계속해서 8월 1일(2호), 7월1일 (3호), 12월 25일(4호), 그리고 81년 2월 25일 발간을 마지막으로 또 다시 손을 놓을 수밖에 없었다. 이유는 첫째, 재정상 어려움이었고 둘째, 전문적인 편집을 담당할 수 있는 일꾼이 부족한 것이었다. 이처럼 "성청"지는 계속 진통을 거듭하면서 오늘에 이르렀고 기성 성청인들의 절박한 문서선교 요청을 백분 수용하지 못하였던 것이 사실이다.

성청 전도 협회

청년 운동이라고 하면, 아직도 혹자 중에는 어떤 구호나, 시위 운동, 권리 행사, 정치 운동에 가담된 배후세력을 의미하는 것과 같이 생각하는 사람들도 혹간 있는 것 같으나, 이는 청년 운동과는 거리가 멀다. 오직 청년 운동에는 우리들의 생활 지도, 인격 양성, 지성 발육을 위하여 무엇을 생각하며, 어떠한 생활을 하고 있으며, 우리의 정신 사상은 어떠한지 등등 기본 조사 위에 새로운 인격 육성이 활발하게 전개될 수 있는 방향이 참된 청년운동의 본질이다. 곧 예수님의 정신. 예수님의 생활에 부합되는 청년 운동이라야 할 것이다. 이를 위하여서는 때로는 지도자 교육, 강습회, 수양회 등이 필요한 것이다. 과거에 우리 성청이 제반 행사를 통하여 많은 성과를 거두었는데, 모든 행사는 그 행사 자체를 위한 것이 아니라 한 걸음 더 나아가서 기본적인 다른 목적이 있는 것이다. 예수님께서 12제자를 택하신 것은 분명히 그 목적이 계셨는데, 성경 말씀을 상고하면「이에 열둘을 세웠으니, 이는 자기와 함께 있게 하려고 또 보내사 전도를 하면」(마가 3:14)라고 말씀하셨으니, 예수님은 제자들과 함께 계시기를 원하시는 동시에 복음을 전하도록 파송하시는 것이 바로 제자들을 택하신 목적이었다.

예수님께서도 갈릴리에서 자라나셨고, 멸망해 가는 영혼들을 구할 필요성을 너무 강렬하게 깨달았기 때문에 예수님은 자기 혼자만 영혼 구원의 사역을 독점할 수 없었다. 예수 그리스도께서 밝혀놓은 진리의 횃불을 들고, 12제자는 방방곡곡으로 흩어져서 어둠을 밝혀야 할 필요가 있으므로, 예수님은 이들을 불러 택하여 세웠다. 그러므로 제자들로 하여금 그리스도를 위하여 일하고, 사람들을 그리스도에게 인도하고 예수 그리스도의 죽음을 사람들에게 널리 알리는 사명자가 되게 하신다. 1900년 전 그리스도의 이름으로 모인 청년들이 이 세계를 변화시켰다. 오늘도 그리스도는 우리를 택하여 우리가 살고 있는 세계를 변화 시킨다. 이는 곧 복음을 전할 사명을 주셔서 전도 사업을 하게 하신다. 그리스도께서 해를 받으시고 부활하신 후 승천하실 직전에 "너희가 예루살렘을 떠나지 말라. 아버지의 허락을 기다리라. 너희가 성령을 받으리니 성령이 너희에게 임하시면 권능을 얻어 예루살렘과 유다와 사마리아와 땅 끝까지 이르러 나의 증인이 되리라." 이는 청년 사도들에게 주신 유훈인 동시에, 오늘날 우리들에게 명하신 지상명령이시다.

성구 포스터 전도

전국 기독 청년은 흥망단애에 직면한 조국의 내부와 외부의 현상들을 정관예시 하여, 그 대책 마련에 만전을 기하며, 새롭게 수립된 길로 매진해야 한다. 성청 정기총회에서 의결된 "성구 포스터 전도 운동"은 하나님께로부터 부여된 특권 행사 방법 중 가장 가능하고도 시대에 적합한 방법의 하나인 것이다. "모략과 중상", "쟁탈과 허위", "살인과 미신의 낙망" 중에서 삶의 희소식을 찾아 모여드는 사람들에게, 절망과 공허로 가득 찬 혼란한 거리에 권위 있게 나타날 성구 포스터는 "주 예수를 믿으라, 그리하면 너와 네 집이 구원을 얻으리라" 등의 하늘로부터 온 메시지는 절망한 자들에게 생명의 도가 될 것이며, 민족의 절망으로부터 오는 국가적인 비운을 타개하고야 말 것이다. 이 포스터 전도 운동은 2500여 년 전, 부패한 정치와 타락한 종교와 도덕이 문란했던 때에, 바빌론의 침략을 받아 멸망을 면치 못한 조국의 운명을 앞에 놓고, 애타게 부르짖던 하박국 선지자에게 지시하신 민족 국가 운명에 대한 하나님의 해답이었음을 잊지 말아야 할 것이다. 이 민족의 오직 하나의 살 길이 바로 이 길이며, 마땅히 새 국가건설을 지향해 나가는 길도 이 길이니, 오직 이 길만이 우리가 살 길임을 재인식하고, 조국과 민족의 운명을 걸머지고, 전국 기독청년 남녀는 십자가를 중심에 새기고 총진군하여야 할 것이다(하박국 2장 2절).

연경부(성경 연구부)의 합동

청년회에서 경영하고 있는 사업은 먼저 성경에 묵시된 거룩한 뜻을 깨닫는 것을 최우선으로 해야 한다. 그러므로 "성경 연구회, 성경 연구 발표회, 성경 질의 응답회, 성경 암송회 및 성경 지식 경시회, 청소년의 심령 부흥을 위한 특별 설교회, 신앙 간증회, 청소년 신학 강좌"등을 개최하여 심령 부흥을 도모하는 것이 우선적인 사업이 되어야 한다. 이러한 각성 하에서, 1954년도에 본 전련 임원 일동이 회칙 수정안을 건의했고, 1955년 성청 제7회 총회에 상정하여 전련의 사업부서의 하나로 연경부를 두기로 만장일치 결의된다. 그래서 "전련 회칙 제6조 나항"에 "연경부"를 증설 삽입하고, "신앙 향상과 성서 지식 계발을 위한 연구지도 및 이에 관한 사업 등을 영위한다."
라고 연경부의 사업 목적을 규정하여 놓았다.

이후 "연경부"는 해마다 열리는 "전국 성경 경시 대회와 성경 다독 장려 운동"을 전개하였으며, "강원도 이동 성경 학교" 설치, 그리고 "성서 질의응답 및 성서 강해" 등 기타 성서적인 제반 문서 사업을 주관해 왔으나, 성청 제9회 총회 이후 이 연경부의 사업을 실행 위원회로 이관하고, 오늘에 이르도록 전국 성경경시 대회와 성경 다독장려 운동을 계속 힘써 오고 있다. 특히 2년마다 열리는 성청 각 지방 대회는 본회 강사를 파견하거나, 알선하여 이 점을 고조 하고 있다.

이동 성경 학교

강원도 지방의 특수성을 아시는 뜻 있는 몇몇 목사님들이 교역자 없는 교회를 위하여 성경 학교를 개설하여, 교회의 집사들로 하여금 교회 강단을 지킬 수 있는 자격을 가지게 해 보자는 의견이 있었던 중, 그 좋은 의견이 1956년 "성청 제8회 정기 총회"에 제의 가결되었다.

이렇게 성청 전련은 강원 지방을 "성청 전련 전도지구"로 선택하고 교역자 생활 보장 문제와 아울러 이를 위하여 기도하여 오다가 "교단 총회와 O.M.S"의 절대적인 후원을 받아 마침내 1957년 2월 4일부터 "강원도 제1회 단기 성경학교"를 원주 제1교회 당에서 개교하여 하나님께 영광을 돌렸으며, 하나님 께서는 축복에 축복이 더 하여 주사, 동년 여름에 "성청 강원 지방대회"를 강릉 초당 해변에서 1주일 간 가졌고, 이듬해 (1958)여름에도 지련 대회를 갖게 되어 많은 지도적 인물을 육성하기에 이르렀다. 특히, 원주 제1교회당에 "상설 성서학교"를 강원 지방회 단독으로 설치하기에 이르렀다.

성경 다독 운동 전개

이것은 회원들의 심령 부흥을 위한 직접적인 사업으로, 즉 전국의 성청들이 되도록 성경과 친근하여 성경을 보다 많이 읽을 수 있도록 장려하려는 사업이다. 성경을 멀리하는 자에게는 참된 기도가 있을 수 없으며, 성서적인 건전한 지식을 소유하지 못한 청년은 교회의 믿음직하고 참된 봉사자가 될 수 없기 때문에, 전련이 제6회 정기총회(1954년)에서 "성경 읽기 장려"를 하기로 결의하였다. 그리고 1954년이 넘기 전에 동년 12월에 같은 "성경 읽기표(신약 읽기표)"를 인쇄하여 전국 각 교회마다 3장씩 배부해 본격적인 성경 다독 운동 장려를 전개하였다.

제8회 정기총회에서는 본 사업을 1956년도의 사업으로 재차 결의를 하여 "구약 성경 읽기표"를 막대한 비용을 들여 인쇄하여, 전국 각 교회 청년회마다 3장씩 배부하였는데, 교회 청년회원은 물론, 일반 교우 남녀노소를 가리지 않고 성경 애독운동이 열하와 같이 전개되었다. 이렇게 본 사업은 결정적인 성공을 가져와, 오늘에 이르러서는, 경향 각처의 많은 교회가 자발적으로 "성경 다독회"같은 행사를 하고 있는 상황이 되었다. 특히 교단 총회 본부와 종교 교육부에서는 본 사업에 크게 고무되어 지대한 관심을 품고 수차 "다독자 표창자에게 적지 않은 상품"과 상장까지 보내왔었다.

성서 대강연회

성경을 모르고 진리를 알 수 없고, 성경과 거리가 먼 자가 하나님과 가까이 할 수는 더욱 없다. 요즘과 같이 신앙생활의 패잔 도당과 이단들이 거침없이 내어 뿜는 망설은 우리들의 귀를 소란케 하고, 순진한 신앙인들을 꾀어내려고 단말마적으로 광분하고 있는 때가 없었던 이 시대에, "성청 회원" 모두는 항상 순복음의 말씀을 갈망한 나머지, 순복음의 기치를 이 혼탁한 교계에 높이 밝혀보고자, 우리의 원로, 신앙의 선구자이신 이명직 목사님을 모시고 수일간 수도 서울 중앙지구에서, 북을 치고 나팔을 부는 성서 대강연회를 가졌었다. 매일 초만

원의 성황을 이룬 가운데, 명명백백하게 그 참과 거짓을 분명하게 갈라주셨다. 비록 처음이었던 이 모임이 근래까지 지속되지 않는 것이 심히 유감이오나, 앞으로 이런 모임은 부단히 계속되어야 할 것이며, 또 현 사회가 이런 모임을 기대하고 있으리라고 생각한다.

성서 문서 질의 운동

이 사업은 회원 상호 간의 성서 지식의 향상을 목적으로 하며, 질의와 또 그 해답을 피차 지상으로 발표함으로써, 더욱 은혜의 체험을 굳게 하고자 "성청 회보 제10호"(1952. II. 24)부터 매 호에 "성서 질의란"을 신설하였다. 이 "성서 질의란"을 통하여 많은 회원들이 성경을 애독하고, 또 개인적으로 성경을 연구할 수 있는 계기를 마련해 주었다.

기독교인의 신앙은 관념이 아니라 성령의 역사로서, 육안으로 보지 못하는 신령한 실재적 존재를 성경을 통해서 파악하고 확증하는 영적인 구원의 차원을 말하는 것이다. 그러므로 우리의 신앙은 성서에 뿌리를 박아야 하고, 우리의 행동은 주의 사랑 안에서 신앙에 뿌리를 박아야 한다. 성서 질의 운동의 실천 과제를 살펴본다면 다음과 같다. 성서를 읽는 중에 혹은 설교를 듣는 중에 해명되지 않고 의문이 드는 점, 노방 전도시에 질문 받고 대답하지 못한 내용 등을 서면으로 보내면(우편도 좋음), 본 "성청회보"에 질문을 공개하고 그 해답도 또한 회원의 질문에 응답하는 차원에서 회보에 발표한다.

사랑의 운동

전국 교회 청년회는 개인이나 단체적으로, 또는 무명으로나 기명으로, 불운에 쌓인 동포에게 와 전방에서 국가 안보를 책임지는 군인들을 대상으로 "사랑의 운동"을 진행한다. "사랑의 운동"은 성청이 1952년도에 전개한 10대 사업의 한 사업이었고, 또 1954년도에도 실시한 중요 사업의 하나였다. 이 운동은 주로 "크리스마스"와 "연말"을 전후하여 실시하였는데, 전국의 "성청"은 이 운동을 마음껏 자진 실천함으로, 불운에 쌓인 동포와 일선 장병의 마음속 깊은 곳에 그리스도의 사랑의 복음을 전해드리기 위함이다.

우리는 "주님이 기뻐하시는 일과 그의 영광은, 외치는 일보다 무명의 적은 자들이 베푸는 사랑을 더 기뻐하시는 것"을 기억하여, 한 장의 위문편지나 혹은 위문품을 고대하고 기다리는 가난하고 병든 자들과 국토방위에 여념이 없는 국군장병들에게 보내야 한다. 우리들이 아무리 어렵게 산다고 할지라도, 적은 위문품 하나, 위문편지 한 장도 안 보낸다면, 후방 국민으로서, 안정된 생활을 하는 국민으로서, 그 얼마나 무지한 것이며, 그 얼마나 냉담한 행동인가를 깨달아야 한다.

납치 목사 유가족 위안회

일제 말엽에 많은 교회 중에서도 우리 한국성결교회만이 성경 그대로 믿고 일제에 아부하지 않는다고 하여, 일제는 3년이란 짧지 않은 세월을 전국의 성결 교회의 간판을 다 떼다 불태워 버렸다. 뿐만 아니라, 교회당 문에 대못을 박았든지 아니면, 큰 교회당은 일제의 국책 공장으로 만들어 사용했다. 조선총독부는 무수한 교역자와 열성 신자들을 모두 검속하여 투옥시켰고, 서울 신학교와 한국 성결교단을 하루아침에 해산시켜 버렸다. 참으로 그 3년간은 비통하기 끝이 없었고, 처참하기 비할 데가 없었던 일을 지금 일일이 기록하자니, 먹과 종이가 모자랄 것이다.

그러나 하나님은 무심치 않았다. 1945년 8월 15일 일제의 천황 히로히토의 떨리는 항복 방송 소리를 듣자, 흩어진 전국의 성도들은 한 결 같이 일어나 닫혔던 교회 문을 열고 대성통곡을 하며, 감격적인 예배를 드렸다. 8월 15일, 이날은 일제에 대한 하나님의 징계의 날이자, 한민족 해방의 날이며, 우리 성결교회가 회복된 날이다. 동년 9월에는 한국 성결교회도 의회 제도의 헌법을 채택하고, 재흥 제1회 총회를 개최하여 교단 복구에 심혈을 기울였다. 이리하여 불과 2, 3년 전보다 배수로 교세를 확장시켰다. 그러나 악마는 죽지 않고 일제의 "천조대신"에서 북괴의 "공산당"으로 옷을 갈아입고 나타나서, 또 다시 교회를 핍박하였고, 성도들은 모진 박해를 당하였다. 바로 6.25동란이다. 이 동란으로 인하여, 수많은 교회당이 파괴되고 소진되었으며, 많은 성도들이 순교를 당하게 되었다. 충남 논산군 병촌리 교회 66명의 장년, 유년 성도 전원이 예배당에서 몰살당했고, 전남 무안군 임자도 교회 문준경 전도사를 비롯한 48명이 이 땅의 거룩한 순교을 길을 걸어갔다. 뿐만 아니라 교단의 중진으로서 사역을 하시던 십 명에 가까운 지도적인 목사님들이 붉은 쇠사슬에 묶여 북한으로 납치되기도 했다.

납북된 목사님들은 북풍한설에 차디찬 어느 감방에서 남쪽 하늘만 바라보며, 하염없는 눈물을 씻어가며, 이 민족과 이 교단을 위하여 기도하고 있으리라. 또 그 가족들을 위하여 기도하리라. 아! 하나님이여, 납북된 주의 종들에게 하나님의 보호의 손길이 항상 떠나지 마옵소서! 이곳에 남은 사모님과 수많은 자녀들이 목메어 울부짖는 기도소리를 들으시옵소서! 주님의 뜻이라면 하루 속히 이 강산이 통일되어 메였던 종들이 돌아오게 하소서! 남은 가족과 이 교단을 위해서 돌아오게 하옵소서! 성청 전련에서는 납치된 여러 목사님들의 남겨진 가족들이 여러 해 동안 유리방황하면서, 고달픈 생활을 하고 있음을 이미 알았으나, 좋은 때와 방법을 얻지 못하다가, 성청 제8회 정기총회에서 "납치 유가족 위안 간담회"의 안건이 상정되어 가결시켰다. 그 실행을 전련이 맡아 먼저 납치 목사 유가족들의 실태를 조사하여, 구호품을 요청하여 전달한 바 있고, 1957년 4월 1일 12시에는 납치 목사님의 전 유가족을 초청하여 "유가족 위안 예배와 간담회"를 개최한 바 있다. 이 위안회는 간단한 예배와 위안의 말씀이 있었고, 그 후 점심으로 불고기와 정식을 대접하고 금일봉을 드리며, 그 하루만이라도 유가족들의 슬픈 마음을 위로해 드렸다

신학 장학생 선발

1957년 4월 23일에 개최될 본회 제9회 총회를 준비하기 위한 전련 실행 위원회에서는 1956년도 본회의 지출 재정 2,411,755환을 지출시키고도 그 차인 잔고가 수만 환에 달하여, 그 선용 방법을 긴급하게 결의했다. 해마다 최소한 서울신학교 학생 중 우수한 학생 한명을 본 회의 장학생으로 선발하여 지원하기로 결의했다. 그리하여 서울 신학교장의 추천으로 서울신학교 2학년 재학생 중 한 명을 성청의 신학 장학생으로

선발하여 제9회 총회 석상에서 2학기 등록금 전액을 수여하는
빛나는 사업을 시작하였다.

성청 장학회

본 장학회에 대한 구상은 초기 성청 회원들에 의해 이루어
졌다. 그 후 1953년 8월 부여에서 열린 성청 제3회 전국 대회
시에 발의되어 통과되었으나, 그 후 구체적인 제도로 정착되
지 않았다. 그러던 중, 1955년 12월 성청 전련 실행위원회의에
서 다시 결의하여, 본 교단 "농촌 교역자 자녀 장학회"의 설립
에 관한 그 구체적인 안을 놓고 전문 위원들이 수차례 논의를
하였으나, 재정적인 문제에 부딪쳐 지연되고 오다가, 안정적
인 재원을 지원할 수 있는 "새한 기업사"의 탄생을 보게 되었
다. 이 새한 기업사는 성청 모든 구성원의 원대한 기대를 모아
조직되었다. 그 계획의 제1단계는 "새한 기업사"의 수입금의
일부를 성청에 보조하는 "성청 유지회"와 같은 형식으로 성청
전련에 재정적인 보조를 하다가, 제2단계에 가서 하나님의 축
복과 임원들의 노력과 교계의 후원을 얻게 될 때, 본 기업사의
수입금으로 "농촌 지역 교역자의 자녀들에게 학비를 보조할
수 있는 장학회"를 따로 조직하기로 하였다. 그러나 하나님의
뜻은 다른 곳에 있었던지 "새한 기업사"는 끝내 "성청 유지회"
로만 남게 되었다.

1956년 4월 성청 전련 제8회 정기총회에서 "농촌 교역자의 장학문제"를 제3차에 걸쳐 논의한 후, 만장일치로 가결되어, 교단 제11회 총회에 성청 회장을 대표로 파송하여, 그 뜻을 널리 펴고, 건의해 보았으나, 총회 대의원의 마음을 움직이는데 실패했다.

성정 농업 기술고등학교

이 학교는 충남 부여 규암성결교회의 헌신적인 청년 신자 황운영 씨를 중심으로 성청 충남 지련과 성청전련이 힘을 모아서 시작되었다. 당시 고등농업기술학교 설립 기성회를 성청 전련과 부여군수와 협력하여 1953년 3월에 조직했다. 그 후 성청 전련 회장의 노력으로 학교재단 설립을 위한 기타 제반 준비에 전력을 다하며 인가를 받기 위해 행정절차를 완료한 후, 동년 6월에 문교부로부터 학교 인가가 나왔고, 동년 8월 중순에 성대한 개교식을 거행 하였다. 그 후 이 학교는 신자와 불신자를 막론하고, 입학을 희망하는 유능한 농촌 청년들을 받아 농학에 대한 고등기술교육을 시키는 한편, 구령운동도 병행하여 전국적인 농촌 복음운동이 일어나게 되었으며, 그리하여 거두었던 복음의 열매가 대단하였다.

성청 제3회 전국 대회 기간 중에 열렸던, 성청 제5회 정기총회(1953년 7월 31일)에서 전술한 바와 같이 부여를 위시한 농촌 지방의 실정을 고려하고, 농학 강습회의 성과를 평가해 보면서, 반드시 기독교적 신앙과 정신 위에 세워진 농업 기술 학교가 있어야 할 이유를 발견하고, 성청 전련과 성청 충남지 련의 공동제안으로 학교 설립을 결의하였다.

그러나 학교 운영의 기술적인 문제로 보나, 성결교단의 대 외적인 신임도로 보나, 그리고 학교 재단의 법적 처리 문제로 보거나, 성청이 농업학교를 경영할 능력이 부족하다는 판단을 내렸다. 더욱이 성청으로서는 건설 중에 있는 학교의 제반 시 설에 관한 재정적 문제가 항상 난관에 봉착하는 일이 있어 부 득이 학교 전부를 교단 총회로 이양하자는 의견이 지배적이어 서, 교단에 제안을 했다. 제9회 총회에서 쾌히 이 제안을 받아 주어서, 성청은 그해 4월에 교단 총회에 이양하고 말았다. 총 회는 이양을 받고 교단 목사 5인과 성청 대표 1인을 동교 이사 로 파견하였다. 이양 당시의 학교 재산 관계는 기록된 서류가 성청에 비치되어 있지 않아 자세히 알 수 없으나, 이양 당시에 본 학교의 학생수가 650명으로, 농촌 학교로 매우 큰 규모의 학교임을 알 수 있다.

새한 기업사

어떤 공익 단체를 막론하고, 그 단체의 성공 여부는, 그 단체를 뒷받침하는 운영기금 조성 여부가 관건이 된다. 한국 성결교회가 그 급속한 부흥을 해 왔으나, 그 앞날의 항구한 발전을 도모하기 위하여, 교회의 중견 청년층을 지도자로 세워야 한다는 선견지명의 견지에서 성결교회의 모든 지교회가 청년회를 조직하고 각각 교회 안에서 청년운동을 활발하게 전개한 것은 매우 고무적인 일이었다. 더불어, 전국연합체인 "성청전국 연합회"가 조직되고, 각 지방에 속한 교회의 청년회로 구성된 지방 연합회를 통한 전국적인 청년 운동을 전개한 것은 성결교단의 미래 부흥을 위해서 매우 획기적인 전기가 되었다.

성청은 미래의 새로운 운동이 활발하게 전개될 수 있도록 안정적인 재정의 조달 방법을 숙지하기 시작했다. 즉, 교회 청년 운동을 성공적으로 이끌기 위해서는, 첫째 청년층의 신앙 부흥과 둘째 연합회 운영기금 조성이 청년운동의 성공의 관건이라고 판단한 것이다. 1954년 12월 성청 제9차 실행 위원회에는 본 연합회의 현재의 재정난으로 인하여 성청 활동이 침체상태에 빠진 것을 타개하고 미래의 성청운동의 활발한 활동기반을 확립하기 위하여 "성청 유지회"를 조직키로 하고, 그 규약 초안을 회장께 일임한다고 결의하였다. 이후, 동년 1월 3

일 제10차 실행위원회를 열고, "성청 유지회" 조직의 발족을 구체화 했다. 그리고 본 연합회 운영자금으로 보호해 줄 생산 및 재건사업을 영업 종목으로 한 기업사를 조직키로 하고, 그 산파역을 본회가 할 것을 결의하였다. 그러나 자금 출자자들 은 성청 전련 현 임원과, 또는 성청운동에 뜻있는 회원들 중에 서 모집할 것과 성청 전련의 직업적인 사업으로는 하지 말 것 이라고 결의하고, 그 준비를 해오다가 마침내 1954년 12월 10 일에 가칭, "성청 기업사"를 발족하였고, 그 이듬해인 1955년 1월 10일에 "새한 기업사"가 성청 전련의 재정적 후원 기관으 로 탄생하였다. 그리하여, 1956년도부터 성청 전련은 이 "새 한 기업사" 이익의 십일조를 받아서 재정을 충당했다. 1956년 도에 210,337환, 1957년도에 469,900환, 1958년도에 200,000환, 도합 880,237환으로, 그 재정적으로 후원한 액수 가 거액에 달했다.

성청예술단 창단 및 공연

1977년 신년 벽두에 성청 서울서지방회의 20여 교회에서 자원한 100여명의 청년들이 모여 "성청연합성가단"을 창단하 였는데, 희망과 생명의 부활절을 눈앞에 두고 제1회 연주회를 3월 15일 신촌성결교회에서 가졌다. "교회개척 기금 모금"을 위하여 교단 창립 70주년을 맞아 실시한 연주회는 "내손으로 내 교회를!"이란 표어 아래 "성청 연합성가단"이 "슛츠의 마태 수난곡"을 연주하여 모금된 수익금으로 서울 근교에 "성청교회"를 개척하여 운영하고자하는 의도로 시작된 것이다.

당시 이 행사를 주관할 때 주님을 향한 회원들의 이 뜻은 주님의 지상과제인 전도의 열매를 맺는 놀라운 결과를 낳았으며, 하나님께 큰 영광을 돌리는 것이었다. 당시 부활절을 앞두고 마태가 기록한 "그리스도의 수난"의 사실을 노래하게 됨에 따라 참여자들 모두는 경건하고 숙연한 마음으로 동참했고 성령의 뜨거운 역사가 피 끓는 젊음 속에 함께하여 충만한 은혜 가운데 진행되었다. 이 성가단의 창단을 기회로 후일 "성극단"이 창단되었고, "성청 예술선교단"도 발족하여 운영되었다. 당시 연합성가단 제1회 정기 연주회는 신촌성결교회에서 성청 전국연합회, 서울서지방회, 기독교방송, 교회연합신문사, 크리스천신문사, 한국교회 음악연구원의 후원으로 진행되었다.

성청 지도자 연수회

하나님의 일을 위하여 사용되는 삶을 보람 있는 삶이라고 믿고 전국 각 지역에서 땀 흘리고 있는 성청 지도자와 실무자들이 한자리에 모였다. 하나님께서 맡겨 주신 달란트를 성실히 수행하기 위해 성청 지도자로서의 자질 향상과 사명감의 재정립, 지도력 훈련, 행정 훈련 등을 받기 위하여 이 프로그램을 개설하였고, 성청 운동에 활력소가 되었다.

이 연수회가 해를 거듭할수록 성청인들의 관심과 참여 속에 성숙해 가며 성청 운동의 목적과 의미를 구체화하고 있다. 그리하여 1980년 당시 청소년부에서는 3단계의 계획을 수립하고 연수회를 추진했다. 제1단계는 청소년지도자 합숙 세미나를 개최하여 지도자의 질적 향상을 꾀하고, 제2단계는 지역별 순회 세미나를 개최하여 지역 회원의 신앙 향상에 힘쓰고, 제3단계는 1981년 1월 1일부터 3일까지 금식기도회 및 지도자 강습회를 개최함으로 교단 청년들이 선교의 대열에서 막중한 사명과 확고부동한 사명을 발견하자는 것이다.

백합제

날로 심각해지는 현대사회 속에 우리 성청인들이 올바른 역사 인식을 새롭게 점검하고 교단의 상징인 백합을 통하여 성청인이라는 긍지와 자부심을 가지고, 신앙의 뿌리와 맥을 찾을 수 있는 성결인들의 축제가 교단총회의 결의사항으로 전국 방방곡곡에서 개최되었다.

서울, 경기, 인천지역의 참가자들을 우선 1차적으로 심사하기로 하고, 중앙 교육원의 협조로 청년들만의 '성청 성결인대회'를 갖게 된 것이다. "성결교회와 청년의식"(부제: 교회 청년의 신앙생활: 이성관, 가치관, 인생관)이라는 주제를 가지고 제1회 백합제가 1982년 11월 6일(토) 오후 3:00 ～ 9:00까지 중앙성결교회에서 열렸다.

평신도 성결 운동의 전개 및 분화

평신도 성결부흥운동의 전개 및 분화: 여전도회전국연합회

기원과 연역

지교회 부인회가 모여 구성된 부인회 전국연합회는 1934년에 결성되었다. 동년 9월『아현교회』에서 발기인 33명이 모여「성결교회 전국부인연합회』를 조직하기로 결의한 후 교단 이사회의 허락을 받아 동년 9월 29일부터 30일까지『경성성서학원 강당』에서『전국부인연합회』 창립총회를 개최하게 되었다.

「부인회 전국연합회』는 그 후 해마다 총회를 열고 임원을 개선하며 많은 사업을 벌여왔다. 1937년 12월 제3회 총회가『경성 아현 예배당』에서 개최되었으며 그 회순은『개회예배/회원 점명/전 회의록 낭독/임시사찰/임원개선/선교비 수입보고/경과보고/종신회원 환영/결의사항』등의 순서로 회의는 진행되었다.

1947년 신생부인회 전국연합회가 백신영 전도사를 초대회장으로 선출하면서 다시 탄생하는 기쁨을 맛본 후 30여 년 이상을 여전도사들이 회장과 임원의 일을 도맡아 왔었다. 일제 강점기 부인연합회가 해방과 더불어 신생부인회 전국연합회로 개칭되고 다시 1967년 5월 총회에서 여전도회 연합회로 그 명칭이 바뀌어 오늘에 이르는 동안 숱한 어려움과 고난을 교회 여성도들의 지도자 여전도사들은 기도와 소망으로 견뎌 오면서 여자 평신도들의 영적 양육을 위해 힘써 왔다.

이러한 일을 위하여 조직체를 구성했고 그 사업에 앞장서 오던 중, 1974년 제29회 총회에서 내실 있게 하고 민족의 구원을 완성코자 미비한 헌법을 개정하기에 이르렀고, 또한 평신도부를 신설하게 된 것이 오늘날 여전도회가 평신도회장을 뽑을 수 있는 근거가 되었다. 이뿐 아니라, 그동안 여전도회 운영의 기초가 되어왔던 여전도회전국연합회 회칙 속에서도 평신도회장의 법적 근거를 찾아볼 수 있다.

1967년 5월 5일 발행한 여전도회전국연합회 회칙에 따르면, "제4장 제9조 본회 임원의 선거는 무기명 투표로 하되 정부회장은 출석회원 삼분의 이 이상의 득점을 요하며, 기타는 최다점자로 한다. 단, 부회장 1명은 대표 중에서 한다"로 명시되어 있다.

이러한 법적 근거 또는 통상 관례에 의하여 여전도회 회장의 자리는 늘 여전도사가 맡아왔으나 1977년 5월 5일 제정 공포한 여전도 회칙 제4장 제9조에 따르면, "본회 임원의 선거는 무기명 투표로 하되 정부회장은 출석회원 삼분의 이 이상의 득점을 요하며, 기타는 최다점자로 한다"라고 개정되면서 평신도회장을 배출할 수 있는 법적 근거가 마련되었던 것이다. 그리하여 1979년 제33회 여전도회전국연합회에서는 이같은 법적인 근거를 내세워 회장은 으레 여전도사의 몫이라는 통념을 깨뜨리고 평신도로서는 최초로 박석심 권사를 여전도회전국연합회 회장에 피선되기에 이르렀다.

한편 서울 서지방회장 박정무씨는 총회 법제부에 평신도부에 대한 헌법 제64조 2항 13조에 대하여 "전국 남전도회 연합회는 순수한 평신도로 조직되어 있으나 전국 여전도회 연합회는 여전도사들이 임원으로 차지하고 주도권을 행하므로 여전도회가 순수한 평신도로 운영되지 못하고 있으므로 이에 대한 유권적 해석을 앙망하는 바입니다"라고 의뢰하였다. 이에 "남전도회나 여전도회는 평신도로 조직하며 평신도 운동에 한한다"라는 총회 헌법적 유권해석을 얻게 되어 여전도회전국연합회 평신도회장의 출현은 그 정당성을 보장받게 되었다.

1979년 총회의 평신도회장 선출은 합법적이었다는 총회의 유권해석이 있었음에도 불구하고 법적으로만 해석할 수 없는 그 무엇이 평신도회와 여교역자 사이에 놓여있었다. 그러나 1983년 총회에서 "남, 여 전도회는 평신도 운동에 한한다"는 헌법 개정으로 말미암아 여전도회연합회를 평신도 중심으로 조직하고, 오랜 세월을 여전도회전국연합회와 동고동락해온 여교역자들을 배려한 총회는 여교역자들의 모임을 '여교역자회'로 정식 발족할 수 있도록 승인해 주었다. 이로써 여전도회 전국연합회는 평신도만으로 구성된 조직체로 발전하여 오늘에 이르렀다.

여전도회 전국연합회 산하기관

연합성가대: 1984년 6월 당시 회장 이재덕씨는 교단의 발전과 음악을 통한 선교의 일익을 감당키 위한 목적으로 임원회의 동의를 얻어 연합성가대를 창단하게 되었다. 대원은 각 지련에서 음악성이 있는 자를 추천받아 50명 정도로 구성되었으며, 그중에 음악을 전공한 사람은 소수에 불과했고 나머지는 가사를 돌보며 개교회를 섬기는 모범적 신앙을 소유한 여성들이었다. 이렇게 평범하고 모범적 신앙인으로 구성된 선교 합창단들은 하나님께 영광을 돌리고 성결교단을 널리 알리는 숨은 봉사자들이었다. 창단 이후 명칭을 "연합성가대"라 변경하

고 대내외적으로 여러 행사에 참여하기도 했다.

장학위원회: 가세가 곤란한 본교단의 신학생들이 학비 혜택이 있는 타교단으로 이산된다는 이야기를 접하게 되자 1986년 4월 여전도회전국연합회 제40회 정기총회에서 본교단의 유능한 성직자 양성을 위하여 장학위원회 설립을 회장 노성렬씨가 주창하게 됨으로써 이루어지게 되었다.

이어 전국 여전도회원을 대상으로 1억원 목표로 모금 운동을 할 것을 만장일치 가결하였고 하나님의 도우심으로 첫해에 7천여만 원이 모금되었으며 목표액 달성을 위해 계속해서 총력을 기울이기로 하고 1986년 7월에 정관 초안을 작성함으로써 1987년 3월 정식으로 장학위원회 창립총회를 개최하게 된다.

상도 종합복지관: 여전도회전국연합회는 이웃을 향한 사랑과 봉사를 어떤 방식으로 실행할 것인가 하는 가장 원칙적인 고민을 하다가 결국은 우리의 사업이 기독교 정신에 따라 선교를 목적으로 해야 한다는 것으로 결론지었고, 우리가 건립하고자 하는 이 사회복지관이 하나님의 선교 중심이길 바라며, 지역사회에 그리스도의 빛과 소금의 역할을 감당하는 것

을 목적한다. 또, 이 사업이 복음전도의 강력한 매개체가 될 수 있을 거라는 인식에 힘을 얻어 건립에 박차를 가하였다.

여전도회전국연합회에서는 그동안 잠들었던 교계의 인적, 물적 지원을 개발하여 이제까지 소외됐던 우리 사회의 저소득층 주민들을 위한 자조, 자립 능력을 길러주고 삶의 질을 향상하며 이들에게 복음을 심어주는 밝은 사회, 희망찬 사회, 희망찬 미래를 함께 열어가기 위하여 지역사회복지관 건립을 결의하게 되었고, 기독교대한성결교회에 출석하는 전국의 여전도회원들이 눈물로 기도하면서 파출부로, 일용직 근로자로, 각종 부업으로, 헌신하며 오직 복음전파 참여의 일념으로 헌금하여 상도 종합사회복지관을 봉헌했다. 주된 사업은 다음과 같다: 가정복지 사업, 아동복지 사업, 청소년복지 사업, 노인복지 사업, 지역복지 사업, 부설 어린이집 운영, 부설 재가복지봉사센타, 후원사업, 노인예배.

평신도 성결부흥운동의 전개 및 분화: 남전도회전국연합회

1950년대로 접어들면서, 성결교단의 부흥은 남자 성도들의 힘을 하나로 모으고 그 역량을 전도에 온전히 쏟아 붓는데 달려 있었다고 해도 과언은 아니다. 바로 그때가 1952년 가을이었다. 이때 뜨거운 전도 열정을 가진 두 사람, 김원철 장로와 OMS의 평신도 선교사였던 리차드 케이픈의 눈물에 동화되어 사람들이 호응을 일으켜 마침내 남전도회라는 거대한 평신도 조직이 태어났다.

여성도들은 1935년부터 신생부인회 등을 조직하여 활발히 활동해 왔지만, 가장 왕성한 활동을 보여야 할 남성도들의 조직이 없음을 안타깝게 여긴 김원철 장로 등이 1961년 내한한 리처드 케이픈 선교사의 권유로 남전도회를 창립하게 되었다. 케이픈 선교사는 평신도 단체의 중요성과 조직 필요성을 강조했고 김원철을 비롯한 장충단교회 남자 집사들이 1961년 10월 무렵에 교회에 남전도회를 결성하게 되었다.

이를 시작으로 서울 몇 교회가 남전도회를 속속 조직하고 이듬해인 1962년 11월에 서울지구 남전도회가 연합기구로 태동하였다. 이후 남전도회는 1964년 교단의 정식 승인을 받아 지교회와 지방회로 남전도회를 조직할 수 있도록 전국으로 파급시켜 나갔으며, 이러한 노력으로 지금은 모든 교회에 남전도회 조직이 든든히 세워져 전도와 봉사, 세계 선교를 위해 열심을 내고 있다.

전국 여러 교회에 남전도회가 조직되자 1965년 7월 23일 남전도회 중앙지도위원회 창립총회가 서울 상도동 목양관에서 열렸다. 이날 회의에서 김원철 장로(1964년 장로 장립)가 첫 대표지도위원으로 선임되었고, 대표위원 7인(김원철, 박후진, 김재환, 남영호, 김종호, 임호년, 고경환)이 3개월씩 대표를 맡아 운영하는 집단지도체제로 전국 조직을 이끌게 되었다. 또 남전도회 창립 멤버로 안경득, 고경환, 박희순, 김일홍, 김선환 장로 등이 주도적으로 창립과정에 참여하였고 고문으로 조인정, 윤판석 장로 등이 활동했다.

초대 대표위원인 김원철 장로는 남전도회 창립 의의를 다음과 같이 밝히고 있다. "평신도들이 그리스도의 증인이 되는 것은 매우 중요한 일이며 시대가 요청하는 사명이라 하겠다. 남자 평신도들의 위치는 모든 것을 소유하고 있다. 즉 활동력, 경제력 등을 총동원하여 보다 많은 사람을 주님 앞으로 인도하는 데 큰 사명이 있는 줄 생각한다. 교역자 수는 성도에 비하면 백분지 일 정도에 지나지 못하고 있다. 그러면 실상 교회 밖에 있는 복음 듣지 못한 사람들에게 우리 평신도들이 차지하고 있는 직장과 생활 주변에서 복음을 증거할 책임이 우리

남전도회원들이라고 하겠다."

이처럼 남전도회는 전도라는 목적을 위하여 남성 평신도들이 주도적으로 나서 창립하고 발전시켜 왔다. 이후 남전도회는 한때 존폐의 기로가 없었던 것은 아니지만 1970년대 박희순 장로 등의 희생적인 노력으로 활력을 회복하기도 했다.

평신도 성결교육 운동의 전개 및 분화: 교회학교전국연합회

태동기(1934-1950): 기원

기성 교회학교의 대표적인 기관으로 교회학교 교육 연구, 교사 자질향상을 위한 훈련 및 지도, 각 지역연합회 및 지방연합회의 지도와 육성, 기타 교회교육사업 및 행사에 관한 사업, 교제보급 및 기타 출판사업을 통한 교회학교 교육의 질 향상을 모색하고 도모한다.

이러한 교회학교 전국연합은 1934년 "경성 성결교회 유년주일학교 직원연합회"의 태동과 함께 시작되었다. 경성 성결교회 유년주일학교 직원연합회는「주교지남」이라는 기관지를

1935년에 창간하여 본격적인 주일학교 교육사역에 헌신하기 시작했다. 1949년 8월에는 대전여고 강당에서 제1회 전국교사대회를 개최하고 동시에 제1회 교사 동화대회, 모범교사 표창, 효자효녀 표창을 했다.

해방된 이후, 6.25사변의 와중에서도, 1951년 7월에 주일학교전국연합회로 조직이 확대 개편되었으며, 초대회장에 윤판석 장로가 피선되었다. 이듬해 총회는 주일학교연합회를 총회의 공식 주일학교 교육 기관 연합체로 인정해 주었다. 새로운 조직의 확대 개편으로 탄력을 받은 주일학교전국연합회는 전국교사수양회 및 총회, 교사동화대회, 교사 설교대회 등을 해마다 개최하여 교사의 질을 향상했다.

특기할 것으로, 주일학교전국연합회는 활발한 교재 편찬 사업을 진행하였는데, 그 결실로 1954년 8월 6일 8천 부에 달하는『어린양』창간호를 발행했고, 1956년 12월 20일에는『교회교육』을 발간했다.

성장기(1960-1970년대)

1960년대와 1970년대로 넘어오면서, 주일학교연합회의 조직의 규모와 활동 보폭이 매우 넓어지기 시작했다. 1962년 주일학교연합회가 총회로부터 정식 인준을 받은 것은 매우 고무적인 일이었다. 그러나 1966년에『어린양』이 정간된 점은 매우 아쉬운 점이다. 이것을 만회하듯, 1968년 1월 20일에 아현교회에서 교사교육연구원을 개원했다.

1973년 2월 20일에 제13회 전국교사대회 및 총회가 유성온천에서 개최되었고, 교육회보를 연 2회 발행하기 시작했다. 1975년도부터는 새롭게 지련회장 실행위원 수련회를 시작했고, 1976년도부터는 교단교육지도자 수양회를 새롭게 시작했으며, 1976년부터는 어린이 부흥회 및 교사 강습회를 시행하기 시작했다.

주일학교 학생들을 위한 다양한 대회가 새롭게 시행되기도 했는데, 대표적으로 1977년부터 어린이주일 포스터를 전국교회에 배포하기 시작했고, 어린이 주일 축하회를 열었으며, 1978년에는 제1회 전국교회학교 어린이 성경경시대회를 중앙교회에서 개최했다.

발전기(1980-1990년대)
1981년 1월 5일에는『어린양』을 속간했다. 1983년도 12월 27일에는 전국교회학교 어린이 성탄축하음악제를 개최했고,

1984년에는 전국교회학교 어린이 예능대회를 열기도 했다. 1985년 11월 30일에는 교사수첩 6천 부를 발행하여 배포했다. 1988년부터는 교회학교 하계대회를 새롭게 실시했고, 성결어린이 여름캠프를 새롭게 계획하여 실시했다. 또한『어린양』(통권 19호)를 복간하기도 했다.

1990년대로 접어들면서, 교회학교전국연합회는 안정기로 접어들어서, 이전에 해 오던 사업을 보다 확대하고 심화하는 방식으로 사업을 전개해 나갔다. 이뿐 아니라 성가경창대회, 성경암송대회라는 새로운 행사 컨텐츠를 선보이며, 교사의 재교육뿐만 아니라 교회학교 어린이들이 참여할 수 있는 프로그램을 확대해 나갔다. 특기할 것으로 공과교재인『성결한 삶』과 이후『성결과 비전』이 매우 안정적으로 출판 보급된 관계로 어린이 공과교재가 매우 공고하게 자리를 잡게 되었다.

부흥기(2000년대-현재)

2000년대로 넘어오면서, 교회학교 교재의 일대 혁신이 일어났다. 그것은 총회교육부에서 BCM이라는 새로운 차원의 공과교재를 개발한 것이다. BCM이라는 틀 안에서 유아교재에서 장년교재까지 제작 배포되었고 교회학교전국연합회도 보급에 힘썼다. 여기에 2012년부터는 교회학교전국연합회의 주요 행사인 BCM어린이캠프, 어린이예능대회, 성경암송대회, 웅변대회, 영어성경암송대회 등이 새로운 형식으로 선을 보였으며, 전국교회학교 어린이 축구대회를 새롭게 진행하기도 했다.

2020년도 이후부터는 코로나19로 인해 교회학교 대부분의 교육과 행사가 온라인에서 진행되었다. 그러므로 각 교회 교회학교의 목표가, 회복과 부흥, 교회학교 재활성화로 모이면서, 교회학교 교육의 중요성이 더욱 대두되고 있다. BCM교재의 무상 배포를 통해서 전국의 모든 교회학교가 동일한 교재를 가지고 성경을 배울 수 있도록 도움을 주고 있다.

평신도 성결 운동의 발전

전국장로회

전국장로회 창립과 초기 활동(1950년대)

전국장로회는 1951년 한국전쟁이 한창인 시기 나라와 민족을 위해 기도하고 성결교회를 재건하기 위하여 창립되었으며 최근에는 회원 간의 친목을 도모하고 교회재건과 구호사업에 주도적으로 참여했다. 1957년 교단 창립 50주년을 앞두고는 기념과 건축 등 기념사업을 위해 한마음을 모았으며 장로 수양회를 통하여 조직을 튼튼히 하고 배영재단 설립을 통하여 인재양성과 교단 부흥에 새로운 전기를 마련하고자 힘썼다.

교단 평신도들은 일본으로부터 해방된 직후부터 가난과 빈곤에 시달리던 아이들을 돕기 위한 구호 사업에 적극 참여하기 시작했다. 인천교회 이종문 장로가 성육원(고아원)을, 원주의 원홍묵 장로가 원주대성원(고아원)을 개설한 것을 비롯하여 대전에 영생양로원 등이 운영되기 시작했다.

구호 및 복지사업을 보다 체계적으로 진행하기 위하여 교단은 1954년 보사부 제1회로 복지재단 설립인가를 받아 '기독교대한성결교회 사회사업유지재단'을 설립, 운영하게 되었다. 서울로 환도한 교단은 "(본 교단에서) 경영하는 전도교육, 구호, 기타 자선사업을 위하여 필요한 토지 및 건물과 설비품을 소유관리하며 또는 필요한 자산을 공급함을 목적"으로 보사부 장관의 인가를 받아 법인을 설립했으며 길보른, 헤인스 선교사 등 4인으로 이사회를 구성하였다. 처음에는 선교사들이 참여하여 법인이사회를 운영하다가 1950년대 후반부터 김창근 목사가 이사장을 맡아 일했고 이후 김재환 장로, 남영호 장로, 서병하 장로, 채준환 장로 등 평신도들이 이사장을 맡아 효율적인 사회복지사업을 펼쳤다.

교단의 분열과 통합, 부흥의 한 가운데 선 전국장로회 (1960-1970년대)

1960-1970년대 전국장로회는 교단 분열의 한 가운데서 아픔과 상처를 안고 기도하였으며 통합을 위한 분위기 조성에 앞장섰다. 또한 통합 이후에는 전도와 화합의 새로운 분위기를 불러일으키기 위해 남전도회 창립과 활성화, 장로회 각 지방 조직 및 강화, 전국장로수양회의 활성화 등에 힘썼으며 부흥대책위원회를 통하여 성결교단의 새로운 도약에 온 힘을 다

했다.

1970년대 성결교회는 분열과 갈등을 딛고 통합을 계기로 새로운 부흥성장 분위기를 만들어 갔다. 장로들은 은퇴목회자의 복지를 위해 첫 걸음을 내디딘 교역자연금제도 도입 등에 힘을 기울였다. 이러한 모든 사역은 교단을 사랑하는 장로들의 바람이 이뤄낸 결실이다.

1965년 교단 합동으로 성결교회는 그 연대의 지평을 세계를 향해 열게 되었다. 1967년 4월 일본성결교단 창립 행사에 초대받아 동경에 모였던 한국, 일본, 대만 성결교회 총회 지도자들은 성결교단의 유대를 더욱 공고히 하고 '아시아 복음선교'를 위한 공동목표를 위해 상호협력하기로 하였다. 이후 각국 총회의 승인을 받아 아태성결연맹을 창립하였다. 11월 9일 개회예배에 이어 본회의를 갖고 이튿날 임원 선출과 선교, 신학, 교육, 평신도, 재정 등 5개 분과 위원회 구성을 결정하였다.

아태연맹은 격년제로 총회를 열고 총회 사이에는 평신도의 교류 친선과 선교와 사명의식 환기를 위하여 연맹 평신도 위원회 주관으로 평신도 대회를 각 국에서 윤번제로 개최하기로 의견을 모았다.

조직 강화와 평신도 사역 활성화에 힘쓴 전국장로회
(1980년대)

전국장로회는 1980년대 교회성장과 맞물려 비약적 발전을 하였으며 회원 수도 급속도로 증가했다. 교단 총회 각 영역에서 활발한 활동을 펼치며 교단 발전에 기여했다. 교단 헌법 체계의 강화와 총회본부의 대지확장, 아태성결연맹을 통한 평신도 교류, 한국교회 장로회 연합활동의 첫 걸음도 내딛는 등 다양한 활동을 전개했다.

이렇게 결집된 힘을 모아 전국장로회는 1980년대 후반 사회적으로 여러 가지 혼란스러운 상황속에서 관련 사안에 대한 입장 표명을 하게 된다. 1985년에 전국장로회는 단군상 건립 반대 성명서를 채택 발표했고, 교단 발전 저해요소 제거를 위한 기도회를 열었으며 1989년에는 문익환 목사 방북과 남북통일에 관한 우리의 주장이라는 성명을 발표하기도 했다.

1970년대 초반부터 다시 재개된 전국장로회 수양회를 통하여 회원 간의 친목 도모에 나선 전국장로회는 1980년대에 장로회원들의 자질향상과 의식제고를 위해 세미나를 추진하였다. 이미 각 교회가 지도자 훈련, 평신도 훈련, 평신도 강좌, 제자훈련 등을 통해 평신도의 잠재력을 확대하는 사역을 활발하게 전개하면서, 평신도 단체를 중심으로 평신도 지도력 개발에 나서게 된 것이다.

교단 사역을 주도적으로 이끈 전국 장로회(1990년대)

1990년대 전국장로회는 회원 수가 3,000여명이 넘는 등 교회별 장로 수의 증가와 회원들의 참여욕구를 수용하여 조직을 확대 강화하였으며 결집된 힘을 모아 교단의 부흥과 협력에 더욱 힘썼다. 평협, 지방장로회 조직, 평신도주일 제정 등이 이루어졌고 국내외 선교 지원, 서울신대 대성전 건축 등에 힘썼다. 특히 한국성결신문 창간과 발전을 위한 협력은 성결교회 부흥의 밑거름이 됐다.

교단 장로 수는 1991년 3월에 2,500여 명이던 것이 1992년 말 3,013여 명으로 늘어나는 등 급속도로 증가하고 20여개 지방장로회가 구성되어 활동하던 것이 1990년대 중반 37개 지방회로 늘어난다. 회원 수와 지방장로회 증가에 따라 전국장로회는 부회장과 협동총무 수를 늘리는 방향으로 임원조직을 확대하고 고문, 지도위원, 실행위원 연석회의에서 회장을 추천하고 총회에서 인준하는 방식으로 장로회장을 선출한다. 실제로 90년대 중반에 협동총무는 지방회 각 1명으로 전체 33명으로 늘어났다. 회장 선임에서도 80년대까지는 고문, 지도위원 또는 원로중심으로 회원들이 추인하는 방식으로 진행되었으나 90년대에 들어서면서 지도위원과 실행위원(사실상 전형위원회)이 추천하고 총회에서 인준하는 방식으로 진행되었다.

1991년 5월 열린 기관장 회의에서는 국내외 선교사업에 적극 참여키로 결정했다. 보도에 따르면 평신도기관장 협의회는 총회본부에서 회의를 갖고 평신도 및 청소년 운동의 활성화, 국내외 선교사업 적극 참여, 여전도회 종합사회복지관 건축 모금운동 후원, 한국성결신문 발간 적극 후원, 캘린더 제작사업을 벌이기로 하는 등 주요사업을 논의했다.

1992년 5월 14일 평신도 연합기관 회장단 및 총무 연석회의에서는 연합기관협의회를 조직하고 회장에 최성근 장로(전국장로회장), 부회장에 노성렬 권사(전국권사회장), 총무 박영남 장로(남전련 총무), 김영애 권사(여전련 총무)를 각각 선임한다. 회의에서는 1993년 캘린더 제작을 위한 실행위원회를 구성하였고 평신도국장이 준비한 연합기관 운영지침안을 토대로 분기별 모임을 결정했다. 필요 경비는 각 기관에서 거출하여 집행하기로 하였으며 평신도주일 실시의 건은 평신도국에서 구체적 안을 연구, 검토한 후 각 기관과 연결하여 시행하도록 의견을 모았다.

전국장로회의 직접적 사업은 아니었지만 90년대 초중반 진행된 평신도 지도자 지침서 발간과 보급, 이를 이용한 평신도 지도자 교육은 교회와 지방회 차원에서 평신도들이 보다 적극적으로 활동하고 협력하는 계기로 작용했다. 특히 전국장로회와 평신도 각 기관은 지침서 발간에 적극 협력했고 평신도지도자대회, 각 기관 연합행사 등에서 이를 보급하여 평신도 지도력 고양을 위해 노력했다.

새로운 미래를 만들어 가는 전국 장로회(2000년대－현재)

21세기를 맞이한 전국장로회는 80년대 성장과 도약, 90년대 안정적 조직운영을 토대로 교단 부흥과 발전에 더욱 헌신하는 자세를 견지한다. 창립과 도약, 안정적 조직운영을 이끌어 온 리더들이 은퇴하자 새로운 지도력을 구축하고 임원회와 실행위원회를 통해 안정적인 지도력을 발휘하였으며 정기총회, 수양회, 세미나, 교회개척 및 후원 등의 사업을 활발히 전개했다. 교단 각 부서에 주도적으로 참여하여 교단 부흥발전을 이끌었으며 창립 100주년 기념사업과 여성안수, 세계성결연맹 활동 등을 통하여 교단 내 장로회의 위상을 굳건히 하였다. 또 장로제적 파동 등 교단의 혼란스러운 문제 해결을 위한 과정을 통해 교단의 법과 원칙을 지키기 위해서도 힘썼다.

2000년대 들어서면서 장로회는 회장 1인 중심의 운영 시스템에서 회장이 전체를 총괄하되 부회장의 책임과 역할을 높이는 방향으로 운영시스템을 다변화하였다. 부회장도 다섯 명에서 일곱 명으로 늘리고 부회장에게 수양회 준비위원회, 세미나위원회, 발전연구위원회, 중보기도위원회, 모범장로선정위원회 등 장로회 중점사업을 논의하는 소위위원회를 책임지도록 했다.

또한 전국장로회는 시기별로 장로회 회칙을 개정하기 위하여 회칙 개정위원회를 조직하여 부회장 확대, 회장 선발 방식에 대한 연구검토 등을 진행하였으며 지방회 장로 대의원 수 조정 등에 관한 교단 헌법 개정을 위한 발전연구위원회를 조직해 활동하기도 했다.

전국권사회

개척의 시대: 초창기 10년의 역사(1986-1995)

전국권사회 초창기 10년은 기초 확립, 조직 확대 그리고 대외 인지도 증대가 그 특징이다. 기존의 여전도회와는 차별화된 조직을 마련하고, 체계적으로 각종 대내외적 사업을 추진했으며 더불어 교단 내에서 전국권사회 역할과 필요성을 홍보하고 인정받는데 주력했다. 임원들은 전국권사회가 교단 소속 기관은 아닐지라도 교단과 간접적인 연관성을 갖기 위해 노력해왔다. 그 결과 1989년 4월 24일 천호동교회에서 열린 제44회 교단 총회에서 의미 있는 결과를 이끌어냈다. 총회는 "권사회 전국연합회를 교단의 협의기관으로 격상시킨다."고 결의한 것이다.

전국권사회가 출범한지 4년 만에 교단의 협의기관이 된 것은 권사회의 조직과 활동 교단발전에 유익하다고 판단되었기 때문이다. 이후 전국권사회는 제도적으로 더욱 정비되어 각 지방 구성에 노력했다. 그리고 교단 산하 평신도기관들과 협력하며 선교와 봉사에 더욱 앞장섰다.

초기 10년 간 전국권사회는 다른 평신도 기관과 유사한 사업들을 시행했다. 하지만 다른 기관이 생각하지 못한 선교와 교육 그리고 나눔과 돌봄의 일들을 전개하였다. 사업의 성격은 크게 네 가지, 즉 선교, 교육, 육성, 그리고 지원이었다.

성장의 시대: 성장기 10년의 역사 (1996-2005)

전국권사회 초창기 10년은 기초 조직구성 그리고 대외적인 홍보 기간이었다. 권시회는 여린 유년기를 넘어 청소년기로 들어서면서 안정된 조직과 사업의 내실을 갖추고, 새로운 도약을 꿈꾸며 나아가고 있었다. 내적으로는 회원 상호간의 자긍심이 높아갔으며, 외적으로는 대외적 신임도 가 향상되었다.

무엇보다 큰 변화는 사업의 폭이다. 초창기 10년의 사업이 선교, 기관보조, 교육(수련회, 임원 단합회)라는 세 축으로 전개되었다면, 성장기 10년의 사업은 교육과 육성 사업의 폭이 확대되고, 장학사업이 주요한 사업으로 정착되었다. 인재를 키우는 일에 전국권사회가 외연을 확대시켜 나간 것이다. 특히 소외된 기관과 고통당하는 이웃들에게 전국권사회는 물질적으로나 신앙적으로 커다란 힘이 되어 주었다.

성장기 10년의 과정 중 가장 확연한 것은 교단 내 다른 평신도기관과 대등하게 활동하며, 대내외적으로 동등한 주목을 받았다는 점이다. 전국장로회가 있는 곳에는 전국권사회가 있었으며, 여전도회전국연합회가 있는 곳에 전국권사회도 있어 때로는 연합과 상호 협력이라는 아름다운 모습을 보이며 동반 성장의 과정을 보여주었다.

모임과 회의 역시 다양해졌다. 임원회, 실행위원회, 상임위원회가 활성화되고, 유기체적으로 움직이며 사업 효율성을 극대화시켰다. 상임위원회는 초창기 10년에는 없었으며, 1997년부터 가동되기 시작했다. 구성원들이 이러한 기구를 통해 권사회의 사업 결정에 직간접적으로 참여했다. 이것은 전국권사회 내부의 의사 결정 과정이 매우 합리적이며, 투명했음을 보여준다.

임원회, 실행위원회 상임위원회는 저마다 자기 역할을 충실히 감당하고, 크고 작은 베어링들이 모여 큰 기계가 돌아가듯이, 전국권사회 역시 총회라는 가장 큰 가구로부터 구성원 한 개인에 이르기까지 유기체적 소통을 통해 발전해 나갔다.

초창기 10년의 활동은 성장기 10년의 에너지였다. 모든 사업은 강한 탄력을 받았다. 특히 교단의 100주년과 어우러진

권사회의 사업과 활동은 절정을 향했다. 100주년 기념교회 개척은 최고의 결실이었으며, '세움'과 '나눔'은 이 시기의 키워드였다.

돌봄의 시대: 성숙기 10년의 역사 (2006-현재)

초창기 10년과 성장기 10년을 거쳐 전국권사회는 성숙기를 맞이했다. 교단 100주년을 앞두고 있는 시점에서 전국권사회는 다른 기관들과 어깨를 맞대고 능력을 발휘했으며, 교단발전의 든든한 동력을 제공했다. 특히 20년 동안 협의기관에 불과하던 전국권사회가 교단 총회 시 다른 평신도 기관과 같이 공식적으로 회장의 자리를 확보하게 된 것은 성숙기의 대표적 성과였다.

성숙기 10년의 첫 해인 2006년 전국권사회 회장이던 조춘길 권사는 역량을 다 바쳐 권사회의 위상을 높이는 일 등 확고한 권사회의 기틀을 마련하고자 애써 왔다고 하면서 교단 총회 시 전국권사회 회장 좌석을 마련해 주지 않는 것은 타당한 처사가 아니라고 판단해 총회 측과 수차례 협의와 요청을 하여 전국권사회 회장 좌석을 얻게 됨으로 권사회의 위상을 한 단계 높였다고 인사했다.

전국권사회의 성숙한 모습은 회의에서도 드러났다. 권사회는 예배와 회의 등 성숙기 10년 동안 매년 평균 35회의 정기적인 모임을 가졌다. 모임은 곧 기도, 참여, 소통 그리고 실천이었다. 모이기에 힘쓴 전국권사회의 모습은 곧 성숙의 표지였다. 무엇보다도 하기수련회를 통해 두 번이나 1억 원이 넘는 헌금이 모아졌고, 돌봄과 풍성한 나눔으로 선교적 봉사의 삶을 지속했다.

성숙기에는 시대에 적합하도록 회칙도 개정했다(2007년). 성장기였던 1997년 다듬어진 회칙은 지난 10년을 거쳐 오면서 성숙기 전국권사회를 담아낼 새로운 틀이 요구되어 용어, 회장 선출 방식, 피선거권 그리고 회계연도를 새롭게 규정하였다. 성숙기 10년은 돌봄의 시대였다. 전국권사회는 어엿한 성인이 되었다. 다른 평신도 기관과 동등한 위상을 갖추고, 더 값진 봉사와 더 아름다운 발자취를 남겼다.

3부

기독교대한성결교회
평신도 사회적 성결 운동의 열매

백합 선교회

백합선교회는 서울 서지방회의 박희순, 홍기득, 신명범 장로를 중심으로 구성되었다. 당시 서울은 동지방과 서지방회만 있었다. 서지방회의 장로로서 뜻있는 사람끼리 선교하자는 목적으로 백합선교회를 만들었다. 이 선교회는 교단을 위해서 조그마한 교회를 선교하자는 목적이 우선이었다. 이 선교회는 서지방의 장로들 12명으로 구성되었다. 신갈교회, 아산만교회, 기흥교회, 부산의 백합교회 등을 선교 혹은 개척하였다. 그때 홍정서, 박희순, 홍기득, 신명범, 손제연, 김동수, 이익재, 김승보, 장남식 외 3분의 장로님들이 헌신하였다. 평신도들이 모여서 선교와 개척을 시도한 좋은 모범사례다.

성결선교동우회

장로들은 성백회(전부총회장단 모임)를 중심으로 교단의 부흥과 발전을 위한 활동을 펼쳐 왔으며 전국장로회에 이어 남전도회전국연합회가 창립, 운영되면서 평신도 기관 간의 협력을 위해 연석회의를 갖기 시작했다. 보통 연석회의는 1년에 한두 차례 열렸으며 회의는 각 기관별 사업 공유와 교단적 협력 사업에 대한 논의 등으로 이뤄졌다.

1980년대 초반부터 성백회(증경총회장단 모임) 주도로 장로회와 남전도회 등 3개 기관이 연석친목간담회를 열어 교단 주요 사업에 대한 협력을 논의하였으며 80년대 중반부터는 남여전도회, 장로회, 권사회, 교회학교, 청년회 등이 함께 참여하는 평신도기관장협의회 또는 연합기관협의회 등의 명칭으로 모임이 진행되었다.

남전도회 회보 보도 내용에 따르면 1983년 4월에 열린 연석 친목 간 담화는 성백회 주도로 장로회, 남전도회 등 3개 단체가 참여해 진행되었다. 이날 모임은 1부 예배에 이어 2부 회의가 진행되었으며, 회의는 참석자들의 개인 소개와 취지 인사,

주제 간담회 순서로 진행되었다.

첫째, 모임에 년 2회 장로회 회장단 및 총무를 초청하는 것을 남전도회도 함께 초대하여 유대를 갖기로 했다. 둘째, 제38회 교단 총회가 어느 때보다도 일치와 화합 속에 은혜롭고 발전적인 총회가 되기 위하여 공동 결의를 다졌으며 셋째, 헌법 개정의 건은 관계자로부터 상황 내용을 듣고 보다 발전적인 차원에서 아쉬움을 표했다. 넷째, 총회본부 부지확장에 관하여는 이미 전체 평신도적으로 총회의 관심 속에 추진위원회가 구성되어 활동 중이기에 필요에 따라 협력키로 했다. 또한 참석자들은 앞으로 순수한 교단발전을 위하여 필요에 따라 공동 협력을 통하여 희생과 봉사로서 헌신할 것을 재 다짐했다.

1980년대는 평신도기관들이 안정화되면서 협력 사업이 조금씩 제기되었고 이러한 논의 속에 교단의 부흥과 발전방안이 제기되었다. 이러한 논의의 결실이 1990년 7월 한국성결신문의 창간으로 이어진다.

교역자공제회
평소 목회자들의 은퇴 이후 생계 문제를 걱정해 온 장로들은 교역자 복지를 위한 연금 제도가 필요하다는데 공감하고 장로들의 모임에서 수차례 이 문제를 협의했다. 그 과정에서 금융기관에서 평생을 일해 온 조인정 장로가 중심이 되어 빈부차별 없이 은퇴 후 공평한 연금을 받도록 하는 복지성 교역자 연금 제도를 계획하고 이를 총회에 상정하여 제도로 도입키로 했다.

당시 이 문제를 논의하는 모습을 지켜본 이덕호 장로와 서병하 장로는 "무교동에 있는 총회본부 사무실에서 모인 부흥대책위원들은 모이면 이 문제를 놓고 어떻게 해야 하는지 의견을 모았고 교역자 복지를 위한 연금제도의 도입을 추진하게 되었다."고 회상한다. 그들은 선배 장로들의 모습에서 "저렇게까지 목회자를 걱정하고 위하는 장로들의 모습에서 감동을 받았고 그 때만큼 순수했었던 시절이 없었던 것 같다."고 증언했다.

장로들은 어느 정도 방향을 세운 후 교단에 건의하여 1974년 교단 제29회 총회에서 도입을 결의하고 법제부와 후생부에 규정을 만들도록 했으며, 이듬해인 1975년 7장 8조로 된 교역자 연금법을 채택했다. 법에 따르면 업무는 총회본부 사무국이 관장하는 것으로 했으며, 9월부터 회비를 수납하여 1977년부터 은퇴한 6명에게 매월 일정한 액수의 연금을 지급하기 시작했다.

처음 목표는 월 20만 원정도 지급하여 '주일에 교회에 가실 때 자녀들에게 헌금이나 교통비로 손 내밀지 않고 끝까지 교역자의 품위를 유지토록 해드리자'는 취지였으며, 1980년대 들어서서 월 10만 원씩을 지불하게 되어 더욱 기대감을 갖게 했다. 성결교단의 연금 운영이 잘된다는 소문이 교계에 퍼지면서 장로교, 감리교 등에서도 규정을 요청하였고, 구체적인 시행방법에 대해 질문하여 타 교단에도 큰 영향을 미쳤다.

목회자 연금을 시작한 지 20여 년이 다가오면서 체계도 안정되고 운영도 효율적으로 이루어져 갔다. 타 교단들도 목회자 생활비 지급을 시도하고 시대 변화에 발맞춰 일정한 제도 변화가 필요한 상황이 되었다. 이에 연금재단은 재정확충과 안정적인 연금 지급을 목표로 1990년 제45회 교단 총회에서 지교회 경상비 0.6%를 총회비에 포함시켜 납부 하는 것으로 방향을 전환하게 된다. 은퇴한 목회자들에게 생활비를 지급하는 것으로 방향을 전환한 것이다.

이후 목회자 은퇴 수가 늘어나고 은퇴 목회자의 수명이 증가하면서 목회자 연금제도는 제도 보완의 필요성이 제기되었다. 전국장로회원들은 연금재단 운영에 관심 갖고 최영화 장로(낙원교회) 등을 실무자로 추천하여 연금 제도의 보완과 기금 확대 방안을 적극 모색하기도 했다. 이 과정에 연금의 효율적 관리와 재산관리의 투명성 제고를 위하여 법인 등록을 추진, 1997년 문화체육관광부로부터 '재단법인 기독교대한성결교회 교역자공제회' 법인을 허가받았다.

또한 2000년대 초,중반 총회비와 함께 연금으로 1.2% 상회비 납부, 복지성 연금에 개인차를 반영하는 제도 운영을 시행하게 된다. 현재 교단 장로들은 사회적 경험을 바탕으로 연금 재산의 효율적 관리와 운영, 투자를 위해 적극 협력하고 있다.

여러 가지 제도 변천에도 불구하고 연금제도의 정신과 내용은 초기 교단 장로들의 뜻과 의지가 그대로 담겨 있다고 할 것이다. 우리의 연금 제도는 농어촌교회 시무 교역자들에게는 유일한 희망이며 이들의 은퇴 이후 삶을 책임지는 소중한 자산이다. 이러한 소중한 제도를 장로들이 주도적으로 참여해 만들고 지켜오고 발전시켜 나가고 있다는 것은 전국장로회의 자부심이 되고 있다.

한국성결신문

한국성결신문의 총회 결의사항 보도(창간호, 1990년 7월 2일)에 따르면 "평신도의 인재 및 능력개발과 평신도기관을 지도육성하며 각 기관의 유기적인 연결과 활성화를 꾀하고 지교회 부흥과 교단 발전에 이바지하고자 금번 45회 총회에서 평신도국 설치의 건이 결의되어 지난 6월 1일부로 초대국장에 전준기 장로(신길교회)가 임명되었다. 특별히 평신도국은 한국성결신문의 발간업무도 관장하게 된다."고 보도 하고 있다.

평신도국은 신설 다음해인 1991년 4월 제46회 총회 보고를 통하여 소관 업무와 사업집행에 대해 보다 자세히 밝히고 있다. 평신도국의 업무는 크게 4가지로 평신도부 결의사항 집행, 청소년부 결의사항 집행, 평신도기관 결의사항 집행, 한국성결신문 발간사업 등이다.

3가지 업무는 법에 규정된 평신도국의 고유 업무이고, 한국성결신문 발행은 임원회의 결의(1990년 7월 24일)에 따른 한시적인 업무이다. 평신도국은 한국성결신문이 1990년 7월 2일 정식 창간된 직후부터 5년 간 한국성결신문 발행을 이끌어왔으며, 1996년 신문의 격 주간 발간 등이 시행되고, 1996년 사장제도를 도입하면서 한국성결신문사에 그 업무를 넘기게 된다.

전국장로회는 '성경지우'를, 남전도회는 '남전도회보'를 발행해 온 경험을 살려 1980년대 후반부터 교단 평신도단체 대표들은 교단 신문 발행을 고민하게 된다. 우리 보다 작은 교단들도 교단 신문을 발행하는데 성결교단도 교단 신문을 발행하여 교단 발전에 기여해야 한다는 목소리가 장로들로부터 터져 나온 것이다. 하지만 신문을 발행하기 위해서는 상당한 재정과 능력 있는 실무자, 경영진이 필요하기 때문에 시작하는 것은 쉽지 않았다.

이러한 상황에서 홍기득, 박희순 장로 등을 비롯해 몇몇 장로들이 뜻을 모으고 재정을 마련하여 신문발행을 위한 준비기구를 구성하여 본격적인 신문 발행에 나서기 시작했다. 1988년 남전도회전국연합회와 전국장로회, 여전도회전국연합회, 전국권사회, 교회학교전국연합회 등의 평신도 연합기관들이 한마음 되어 연합기관장 회의를 열었고, 이 자리에서 평신도를 주축으로 한 교단 소식지 발간을 합의하였으며, 1990년 2월 1일 총회장에게 연합기관장 명의로 '신문 발행 청원서'를 제출하였으며, 총회의 승인을 얻었다.

총회 승인 이후에는 1990년 3월 8일 발기인총회 개최, 준비호 발간 등이 이뤄졌으며, 1990년 7월 1일 '한국성결소식'이란 이름의 제호로 한국성결신문이 창간되었다. 발기인 총회에서는 현행 한국성결신문의 기본들인 신문 발간규정, 운영위원회 조직 및 회칙 채택 등을 결정하였으며 운영위원장에 홍기득 장로를 선임하는 등 신문의 토대를 갖추게 된다.

장로들은 운영위원회를 조직하고 후원회를 조직하여 신문 발행의 모든 비용을 부담하였으며 행정 재정적 지원으로 자립 기반을 마련하였다. 한국성결신문은 창간 초기 평신도국 주관 하에 2명의 기자를 선발하고, 7인의 편집위원과 25명의 논설위원, 96명의 운영위원의 진용을 갖추었으며, 1995년 헌법 개정으로 사장제도를 신설하고 한국성결신문사를 설립, 독립하여 운영하게 되었다.

한국성결신문은 전국교회와 평신도 지도자들의 열정적인 지원으로 눈부시게 발전했다. 처음에는 월간 4면으로 발행되었으나, 1년 만에 격 주간으로 발행되다가 다시 주간으로 발행되었고 발행지면도 4면에서 8면으로 다시 12면으로, 현재는 16면으로 발행하여 전국 성결교회의 소식을 담아내고 있다.

한국성결신문의 발간은 평신도의 힘으로 교단의 위상을 드높인 쾌거였다. 홍기득 장로를 비롯해 역대 운영위원장과 박희순 장로를 비롯한 후원회장, 초대 평신도국장으로 실무를 총괄했던 전준기 장로, 초대사장 유재수 장로를 뒤이어 손재연 장로, 김원태 장로, 조병하 장로 등이 헌신해왔다.

4부

나가는 말:
평신도 성결운동의 특징

　기독교대한성결교회의 평신도 성결 운동은 성결교회가 오늘날의 성결교회로 성장하고 발전할 수 있도록 배경이 되어주었고, 무대가 되어주었다. 그런데, 성결교회 역사가들은 성결교회사를 집필함에 있어서, 목회자 중심으로 성결교단의 역사를 전망하는 경향성이 있었다. 그러나 이러한 역사는 목회자와 함께 성결교단의 성장과 부흥의 밑거름이 되었던 평신도의 기도와 헌신을 간과하는 과오를 범했다.

　이번『평신도 성결 운동사』를 통해서, 비록 기초적이고 요약적이지만 전체적인 성결교회 교회사 안에서 성결교회의 평신도 성결운동의 위치와 중요성을 가늠해 볼 수 있었다. 그리고 나서, "평신도 성결 운동이 존재했었다."라는 과거형의 이야기가 아니라, 이렇게 활발하고 모범적인 평신도 성결운동이 다시금 일어나야 한다는 강렬한 소망과 행동으로 표출되어야 한다.

이와 더불어, 본 저서는 평신도 성결운동사에서 '성청'이라는 단체의 역할과 비전을 집중적으로 조명해보았다. 성청의 존재야 말로, 기독교대한성결교회가 부흥 성장하는데 없어서는 안 되었던 매우 독특한 성격을 지닌 평신도 단체였다는 것을 강조했다. '성청'이 가졌던 비전과 이들의 조직력과 신앙적 활동 및 사회적 활동은 '성결교단 안의 작은 교단'이라고 말해도 결코 과장이 아닐 정도로 매우 혁신적이며, 복음전도적이며, 대사회적인 봉사의 개념까지 장착한 거대한 운동이었다.

이러한 '성청'의 조직과 정신에 세례를 받았던 성결의 일군들이 지교회의 직분자들이 되어서 지교회를 부흥하게 했으며, 이들이 다시 모여 전국단위의 남전도회, 여전도회, 장로회, 권사회 등 또 다른 평신도 단체의 주역들이 되어서 성결교단을 이끈 평신도 지도자들이 되었다.

이러한 기독교대한성결교회의 "평신도 성결 운동"은 특별한 비전을 공유하며, 협업하면서 성장했다. 공통적인 비전은, "평신도 성결 운동"은 하나님의 말씀에 초점을 둔 교육과 지혜를 추구했고, 탐욕을 따르지 않고 자족하는 삶을 구현했으며, 유아독존의 고립을 탈피하고 교제를 지향했으며, 질병을 치유하시는 하나님을 믿고 건강한 삶을 소망했으며, 불의로 가득한 세상에 사회적 성결운동을 통한 정의를 추구하는 확고한 방향성을 보여주고 있다. 그 특징을 결론적으로 요약하면 다음과 같다: (1) 초교파 연합운동 (2) 구제와 나눔운동 (3) 성령의 부흥운동 (4) 교회학교 교육운동 (5) 사회적 성결운동

2장

평신도 성결 운동이야기

대담자: 신명범 장로(강변교회원로)
대담일: 2023년 4월 21일(금) 10:00-17:00

    본 장은 기독교대한성결교회의 "평신도 성결 운동"의 1세대인 신명범 장로와의 대담을 글로 옮긴 것이다. 가급적 장로님의 어투와 한국나이로 구십 세를 바라보는 신앙인의 정신을 고스란히 담고자 하였다. 또한 상로님이 기억하시는 인물들익 이름은 실명을 공개하였으나 간혹 기억이 정확하지는 않은 이름들도 포함되지만, 역사적인 사료라고 판단되어 서술하였다.

장로님은 언제 신앙생활을 시작하셨어요?

내가 처음교회를 나간 것은 1948년인가? 49년도에 서울서 지방의 홍은교회를 나가기 시작했어. 내가 왜 홍은교회를 나가기 시작했냐면, 우리 대고모 할아버지가 서울신학교 교장 이건 목사님이에요. 그러니까 우리 할아버지의 누이동생의 남편입니다. 당시 우리 할머니는 광화문에 종교교회로 나가시다가 이건 목사님을 만나 아현성결교회를 나가셨어요. 그래서 나는 거기에 영향을 받아 성결교회를 택했지.

그래서 나는 성결교회만은 내가 떠나지 않아. 평생 그래서 성결교회만은 피란 가서도 성결교회만 찾아다니고 그랬어. 그럴 정도로 성결교회에 내가 아주 정말 뿌리를 내리기 시작한 거예요. 그래서 우리 할머니하고, 작은 할머니하고 납치당했을 때, 나하고 방에서 같이 많이 잤습니다. 나를 사랑하는 마음으로 데리고 주무시고, 그렇게 컸기 때문에 성결교회는 어머니의 마음 같아. 뭐 사실 이건 목사님이 우리 집에 올 때, 그분의 눈이 딱 보였지. 그게 머리에서 잊히지 않아.

이중태 목사님과의 만남은 어떻게 시작되었나요?

홍은교회 근처가 야산인데 다 집이 꽉 찼었죠. 근데 6·25 때 다 불탔죠. 싹 불탔습니다. 그래서 우리 홍은교회를 이중태 목사님이 재건을 했어. 그때부터 내가 이중태 목사님을 아는 거야. 그래서 신학교 음악 선생님 하면서 신학교를 다녔잖아. 그래서 거기 전도사님이 왔는데 그 길기에 타지 않은 2층짜리 건물을 얻어가지고 거기서 교회를 시작하더라고.

그래서 내가 그때 외갓집이 마포에 있었어. 그 외갓집에서 우리가 살았는데 6·25때 피란 갔다 와서 거기서 다녔다고 내가. 거기를 다니면서 홍은교회를 다니면서 이렇게 했는데, 이중태 목사님이 그거를 미군 부대에서 콘센트 그거를 얻어다가 교회를 개척을 했어요. 그때는 불탄 터를 말만 잘하면 몇 개도 얻을 수 있어, 돈 주고 사는 게 아니라. 그러니까 거기 세 개를 얻었어. 그리고 거기다가 그 철로다가, 그 양철로다가 짓는 집을 지었지.

나하고 비슷한 연배의 김영재 전도사 또 조두영 전도사 둘이 이중태 목사님의 제자야. 이중태 목사님이 천안인가? 어디서 농고 음악 선생을 했어. 거기 제자야. 그래서 그 양반들이 봉사를 해서 거기 와서 정말 어렵게, 어렵게 했어요. 그래 가지고 그 교회가 커서 그 이중태 목사님은 다시 아현교회 부목으로 가게 됐고, 거기에 이은우 목사님이 부임을 하게 됐어요. 그 분이 56세에 신학교를 들어간 분이야. 백암분인데, 근데 한학 공부를 엄청나게 한 사람이라서 한학을 가지고 예화를 자꾸 하니까 집사들이 좋아하지를 않았어. 그래 가지고 내가 군대를 갔다가 오니까 교회에 분쟁이 생겼어! 목사님하고 그 집사들하고. 그래서 개울 건너편에 문화촌교회를 개척하게 된 거야. 그렇게 나가서 문화촌교회를 6명의 멤버가 돼서 개척을 한 거지.

문화촌교회랑 홍은교회랑 개울 건너야. 그런데 거기가 지금은 도로가 이렇게 해서 세검정으로 넘어가는 도로가 크게 났잖아요. 근데 그때는 그게 없었어요. 예정 지역이니까 거기가 비어 있었어. 집도 못 짓고 그러니까 그걸 얻어가지고 천막을 거기다 쳤어. 그래가지고서는 거기서 시작을 해서 유정옥 장로, 나중에는 목사가 됐지만, 문화촌교회 장로로 있다가 목회한 유정옥 목사의 집에서 교회시작한 거야.

장로님은 언제 월남을 하셨어요?

1946년 월남을 해서 서울 홍은동에 거주했어요. 1949년도
내가 이북서 나와서 그 은평국민학교를 6학년에 들어갔어요.
6학년에 들어가는데, 나는 중학교 1학년을 이북서 댕기다가
와서 그 갔거든 그러니까 그때 내가 해방될 때가 열두 살이야
그러니까 4학년이야 그러니끼 기기는 5하년 졸업하고 중학교
를 가.

이 김일성이가 돼가지고. 그래서 우리는 해방되고 그 다음
에 지주 이동이 있었습니다. 우리가 일차 축출이야. 그 지주
땅 많은 지주라고. 우리는 저쪽 해주 벽성군 동일면으로 쫓겨
가고 동일면에 있는 안 씨네 가정은 우리보다 더 부자야! 그
사람은 우리 집으로 바꾸고 이렇게 소개를 시켜 왜 하인들이
있잖아요. 우리도 있고 거기도 있어. 그 하인들이 빨갱이 노릇
을 하려면 주인이 있으면 안 되잖아. 그러니까 우리를 백리 바
깥에 군이 달라야 되고 그런 데로 보내.

그래서 거기 사람이 또 와. 그러면 우리는 그래도 가니까 안
채는 하인을 쓰고 바깥에도 하인이 있었는데, 옆에 방에 두 칸
짜리가 있어서 우리는 그리 들어갔어. 그러면 할아버지, 할머

니, 아버지, 어머니, 우리 삼남매가 가서 그 두 방에서 살다가 한 6, 7개월 있다가 야반도주해서 넘어왔지.

그렇게 해서 넘어왔거든요. 45년? 46년 해서 12월. 겨울인가 넘었을 거야. 그래서 인천으로 넘어왔어. 인천으로 넘어와서 살다가 서울로 우리 작은 할아버지가 서울에 사셔서 그리 왔어요. 근데 와서 국민학교 들어가려고 그러는데, 우리가 5학년 졸업 맞고 중학교 조금 다니다가 왔으니까. 중학교 들어가기는 그렇잖아 그러니까 국민학교에 들어가는데, 우리 할아버지가 대수술을 하셨어. 서울에서. 그러다 보니까 나도 모르게 두 살 줄여서, 내 동생도 두 살 줄이고, 그래서 학교를 보낸 거야.

그래서 6학년에 내가 들어갔죠. 홍은동엔 학교가 없었어. 그렇지 않으면 저 무학재 거기 안산국민학교가 있었어. 우리는 안산보다는 고개만 넘으면 녹번이니까! 녹번으로 가서 은평국민학교로 들어가서 6학년 졸업 맞고, 송동공업중학교에 입학을 한 거야. 6·25때 2학년이 됐으니까, 그러니까 나는 1년을 순서대로 하면 한 1년을 까먹었을 거야. 그래서 그 2학년 때 6·25가 난 거예요.

그 때, 학교에서 오라 그래 가지고 갔더니, 의용군을 막 지

원하고 있어. 그래서 우리는 죽어도 안 했지. 그러고 있다가
보니까 다 중앙청 앞에 수성국민학교로 끌고 가는데, '야 배웅
도 안 해줘?' 그러면서 다 끌고 가는 거야. 그러더니 이렇게 다
안으로 다 몰아넣어 그리고 기관단총 딱 하고 겁주고 그래. 거
기 가니까 뭐 다른 데서 온 놈들하고 그냥 바글바글해. 그러다
가 저녁까지도 그냥 있다가 어느 정도 어슬어슬한데 한 구석
에 가니까 어떤 녀석이 엎드려 있는데, 그 등을 타고서 담을
콱 넘어가는 거예요. 나도 그 틈을 타서 도망가는 거야. 내가
그래서 지금도 그 엎드렸던 아이가 누군지 모르지만 그 아이
에게 고맙다고 얘기를 해야 되는데, 누군지 몰라. 깜깜한데 엎
드린 애가 누군지 알겠어? 수십 명이 그냥 넘어 뛰는데, 그래
가지고서는 집으로 도망해서 왔어. 그래서 의용군으로 안 올
라간 거야.

장로님은 강변교회와 어떤 인연이 있으신가요?

내가 49년도부터 아마 홍은교회를 나갔을 거예요. 국민학
교 6학년 때. 그 그때부터 나갔죠. 그래서 그때부터 나가기 시
작한 게 지금까지 신앙생활을 합니다. 서울신대 졸업반인 이
중태 전도사가 홍은교회를 재건하기에 같이 협력해서 도와드

렸어요. 그리고 잠시 이중태 목사님과 헤어지고 그분이 청주 계시다가 강변교회로 올라오시면서 나도 강변교회를 가게 되었어요. 그게 64년도인데, 교회가 삼각지에 있을 때 너무 어려워서 현재 있는 동부이천동으로 옮기게 됐어요.

그 당시에는 삼각지에서 교회 하기는 한계가 있었어요. 아파트도 없고, 군부대에 국방부도 거기 있었고, 그래서 동부이천동으로 나가자 이렇게 되었어요. 이천동이 수자원 개발공사에서 모래로 메워가지고 그쪽에 단지를 만들었는데, 교회가 돈이 없으니깐 백 평 살 돈도 없었어요. 그런데, 한쪽 끄트머리 지금 현재 자리 부분에 이백삼십 몇 평짜리가 여섯 개가 있는 거예요. 우리 교회 권사님의 권유로 200만 원보다 조금 올려서 230만 원으로 입찰을 했는데 된 거에요. 그래서 강변 쪽에 땅을 사게 되었어요.

1969년도에 매입을 해서 1972년도에 짓기 시작한거에요. 사실 강변교회(구, 삼각지교회)는 일본교회였어요. 그래서 거기 월부로 갚아나가던 게 있어서 그런 빚을 빼고 나니 돈이 아주 없어요. 겨우겨우 아래층만 짓고, 2층을 골조공사만 해놓으니 비만 오면 녹이 줄줄 흐르는 거예요. 나는 그 때 장로가 된 지 얼마 안 되었는데, 정승일 목사님이 총회장인데 2층에서 기도하자고 하셔서 신자들 몇 명하고 간절하게 기도를 하셨어요. 1972년도면 내가 사업이 아주 안 되고, 사기도 당해서 돈도 못 받고 정말 어려울 때에, 그 기도하는 애기를 들으면서 '내 집을 줘서라도 공사가 되면 해야 되지 않을까?' 그런 생각이 드는 거예요. 그래서 당시 내가 가지고 있던 총재산이 집하고 구로공단 오거리에 86평을 땅이 있었는데, 건축업자를 불러서 내 재산을 드릴 테니 건축을 완공해 달라고 부탁을 했어요. 건축업자가 수긍을 하고 건축을 시작하니 난 갈 데가 없는 거예요. 집을 줬으니까. 할 수 없이 공사장 안 목수들이 일하는 자그마한 판잣집에서 우리 가족이 지내게 되었어요. 우리 가족이 그 때가 애가 넷이었으니, 총 여섯 명인데 안사람이 하고 싶은 대로 하라고 허락을 해줘서 그렇게 지내게 되었어요. 그 자그마한 판잣집 한 칸을 막아서 방을 만들고 그렇게 살았어요. 그 집이 양철 지붕이라 여름에는 엄청 뜨겁고 덥고, 비오면 비가 세고 그런 집에서 1년 반 정도를 지냈어요. 교회 돈으로 바로 땅을 전부 산건 아니고, 그 중에 백 평을 지금은 돌아가셨는데, 이 장로님이 돈을 빌려주셔서 백삼십 평을 샀어요. 그리고 장로님이 소천하시고 그 아들 집사님과 원만한 합의 끝에 땅을 얻게 된 거예요. 그래서 나는 정말 모든 것이 하나님의 은혜라고 생각하고, 여기까지 오게 된 것도 너무나 감사한 일이에요. 이북에 있을 때 김일성이 나를 쫓아내지 않았으면, 이럴 수가 없어요. 내가 이북에 수십 년 살면서 내쫓기지 않았으면 어떻게 예수님을 알겠어요. 처음에는 교회가 뭔지도 몰랐는데, 성장하면서 이만큼 잘 살게 되고, 장로도 되고, 다 하나님께서 모든 것을 인도해 주시지 않으면 안 되는 일이예요.

기독교대한성결교회 청년회 '성청'에 대해 이야기 해주세요?

윤판석 장로가 성청에도 상당히 관여를 많이 했죠. 그러다가 이응호 장로가 있을 때 교단이 갈라지면서 성청도 갈라졌어요. 그리고 또 무슨 목사님이 마포교회 있을 때 또 거기서 성청이 갈라졌지. 총회에서 박명원 목사님 그룹에서 황대식 목사님이 이런 분이 좀 신진 계열이야. 그리고 이만신 목사님 계열은 보수 진영이야. NCC는 그때만 하더라도 진보적이라고 평했어요. 근데 이 양반들은 NCC 가입을 해야된다고 주장했지.

그리고 박성진 목사인가? WCC에서 총무 했어요. 그 양반이 황대식 목사님과 아주 친한 사이야. 그래서 그때 그 사람들한 10명이 모임이 있었어요. 그 전에 총무하시고 돌아가신 백천기 총무님도 황대식 목사님을 주도로 모임을 주도하였어요.
우리 펜션에도 주무시도록 만들어주고 해서 나도 황대식 목사
님하고 같이 온 거야. 돌아가시기 전에도 모인다고 하면 내가
밥 사드리고 다 그랬거든. 그랬는데 박현민 목사님이 주도로
NCC 가입을 하자고 하니까, 보수 진영에서는 '무슨 소리냐 우
리가 NCC에 들어가면 안 된다.' 그렇게 싸움을 벌어지다가 진
보 쪽 의견으로 가결이 됐지.

이만신 목사님은 그때 부평신촌교회에 계셨어. 중앙교회는
황성택 목사님이야. 황성택 목사님은 탈퇴했잖아. 그때 나간
교회가 엄청나게 많아. NCC 가입 안 한다고 나간 교회가 우리
교단에서 다 큰 교회야. 부산의 수정동교회, 인천의 송현교회,
중앙교회 등등. 다 나갔지 뭐. 큰 교회 신촌교회도 아마 나갔
었을 거예요. 기성에서 NCC 주장하던 사람들이 나간 교회가
더 많으니까 큰일 났거든. 그러니까 다시 NCC 가입 안 하기로
결의를 하고 나서 1차 합동, 2차 합동, 3차 합동으로 이렇게 한
거예요. 그래서 다시 들어오기 시작한 거예요. 내가 3차 합동
까지는 참여를 했으니까. 저기 그 마포교회에 이봉열 목사라
고 있었어. 그 목사 장인이 거기 목사야. 그 부흥사. 근데 그
양반이 있을 때, 거기서 마포교회가 갈라졌어. 갈라져서 지금
서울교회야. 그래서 그건 보수로 그대로 예성으로 남고 그래

서 마포교회는 예성이야. 그렇게 되고 그 마포교회 있는 목사가 그때 성청 총무였었어. 그러다가 이흥호 목사가 회장을 했지. 그래서 61년도에 그 예성, 기성이 갈라졌는데 엄청나게 많이 나갔죠. 반 이상이 나갔다가 1차, 2차, 3차 합동해서 한 8~900교회는 남고 그 나머지는 다 들어왔죠.

성청은 다 뺏겼지. 회장, 총무가 다 갔는데. NCC를 반대하는 사람이 나갔지. 잘 모르겠지만 조정만 목사만 남은 거예요. 내가 했던 건 조정만 목사만 이사였고, 다 하던 거니까. 홍은교회가 기성이니까 나도 그대로 남아 있을 수밖에 없지. 그렇게 갈라졌었는데, 1차, 2차, 3차에 걸쳐 다시 부산의 수정동교회, 대구에 봉산교회, 전라도 큰 교회라고 하면 전주교회, 그리고 인천의 송현교회 같이 그런 큰 교회들이 다시 들어오게된 거죠. 중앙교회는 끝까지 안 들어오다가 이만신 목사님이 가셔서 이쪽으로 들어오게 한 거야. 그게 아마 1970 몇 년 정도 될 거예요.

아현교회도 예성으로 갔었어요. 신촌교회도 갔었고, 그때 신촌교회는 작은 교회였어요. 그때는 중앙교회가 제일 컸고. 큰 교회는 거의 나갔다가 다시 들어왔어요. 그러니까 지금은 예성이 큰 교회가 없잖아요. 처음에는 예성으로 아주 그냥 과

반수 이상이 갔었는데, 지금 예성이 1,000 교회가 안 될 것 같아요. 이제 남은 게 아마 6~700교회 정도 될거예요.

성청 활동은 문화촌교회에 있을 때, 따라다닌 것 같아. 그 전부터 성청 활동이 요란했죠. 우리가 청년회, 남전도회, 장로회 지금 이렇게 있죠. 청년회가 활동할 때는 남전도회, 장로회가 없었어요. 그래서 이재완 목사님도 다 청년회 출신이야, 최희범 목사도 마찬가지고. 그래서 성청이 최고의 기관이야. 여전도사가 성청 부회장이야. 여성들은 성청 밖에 없어요. 그래서 성청 대회를 하면 부여에 낙화암 거기에 한 7~800명이 모였어요. 금식기도를 1월 1일에 하거든. 거기도 그렇게 모이는 거야. 나는 60년대에 성청 활동을 시작했어.

내가 67년도에 성청 부회장이 됐어. 그때 부회장이 있을 때가 속리산 총회에서 됐거든. 속리산 총회 그때 56동지회가 성청에 다 왔어. 최건호 목사가 그때 임시 수습 총무를 했어요. 최건호 목사가 나보다 한 살 아래니까. 그래서 수습 총무인데 나하고 친했어. 근데 최건호 목사가 성청 회장을 강근환 총장을 시키려고 그러는 거예요. 그래서 우리가 난리를 쳤지. 그건 안 된다. 옛날에는 성청이 평신도들이 약하니까 전도사들이 다 끌고 갔다 하더라도 지금은 우리한테 넘겨야지 무슨 소리냐, 그때, 박○균이 또 거기서 총무를 하고 그랬어요. 박○균이 머리가 잘 돌아가고. 그때 그가 어디 교회를 다녔는지는 모르지. 목회자가 아니니까. 근데 성청에 관여했어. 그래서 박○균이와 인하대학교 졸업한 고등학교 선생님인데, 사람하고 당시 미국에서 보내온 구호물자를 가지고 장난을 했어. 그걸 팔아서 세계 여행을 했어. 그 바람에 이게 문제가 되니까 김○성이 물러가고. 그러고서는 수습 총무가 최건호 목사가 된 거야. 그러다가 우리한테 넘어올 때는 그런 과정이 돼서 우리가 황대식 목사님이 청주에 계셨을 때 찾아갔어. 황대식 목사님을 찾아가서 이만저만 해서 이런데, 그러니까 그게 아니지 않느냐 집사들한테 넘겨야지 왜 전도사들이 지금 회장을 하려고 지금 그러느냐고 말했지. 우리가 총회를 여는데 56동지회를 성청 총회에 소집한 거예요. 56동지회가 우리 교단에서 유명했습니다.

성청 활동은 어떻게 하셨나요?

나는 1967년에서 70년도 초까지 하고 박흥일 장로에게 넘겼죠. 원래는 이정근 목사가 부회장이었어. 그래서 이정근 목사가 해야 되는데, 미국으로 이민 간다고 자기가 못 한다고 그러는 거야, 그리고 부회장이 둘인데 하나는 대구에 그 누구야 그 대성목재 다니던 그 친구인데, 그 친구도 못 한다고 그래서 할 수 없이 박흥일 장로가 했지. 이정근 목사와 서울대 동기생 이야. 그래가지고 박흥일 장로에게 넘긴 거야 그래서 내 후임 으로 박흥일 장로가 들어서서 잘했습니다. 아주 성청을 많이 부흥시켰어요.

1월 1일에 하는 신년 금식기도회가 예전부터 있었을 겁니다. 1월 1일 매번 어디서 모여서 금식기도하고, 육군본부 이런데서도 하고 여러 군데서 했어요. 그런데, 그때는 수양관을 빌려 가지고 전국대회를 해요. 불광동 수양관도 있었어요. 거기서도 우리가 한두 번 한 것 같고, 대구에 계시는 홍순우 목사님이 그때 대구에 제일교회에 계실 땐데, 그분이 협조를 많이 해줘서 홍순우 목사님과도 많은 친분이 생겼습니다. 그때는, 내 막내 아이가 태어나는 것도 모르고 열심일 정도로 성청 운동을 활발하게 했었습니다.

남전도회는 어떻게 성장했나요?

장충단교회 김홍철 장로님이 큰 회사에 회장이셨는데, 신앙이 아주 깊어서 미국에 케이프 선교사님의 영향을 받아 국제 남전도회에 참석하고, 거기서 영향을 받아 '우리 교단도 남전 도회를 만들어야 된다.'라고 해서 처음에 남전도회라는 집단 체제를 만들었어요. 그리고 분기별로 회장을 바꾸고 4명이 돌아가면서 회장을 했어요. 그런 집단 체제로 한 2~3년 가다가 원성범 장로님이라고 상도교회 출석하던 변호사셨던 거기 장로님이 초대 회장(제3대)을 했어요.

60년대 후반부터 남전도회가 집단 체제로 가다가 변호사셨던 원성범 장로님이 초대 회장이 되고, 성청 총무하던 사람이 남전도회 총무가 됐습니다. 그게 민인식 장로인데, 나중에는 목사가 되셨지요. 그때에 성청도 평신도가 임원을 하면서 그 다음으로 성청 총무가 넘어와서 남전도회 총무도 맡았지요. 그러면서 나는 80년도에 회장이 된거에요. 이전에 김일홍, 김 원철, 박휘순, 김학준, 이창수, 홍기득, 신준식 이고, 이후로 정기석, 서병하, 이상규, 최명철, 모귀기, 유재수, 윤태의, 정권, 이종욱 등등 그렇게 넘어갔어요. 나이가 많기는 해도 그렇게 맡아서 하면서 남전도회가 발전해 갔어요. 그러다 보니까 남전도회가 활개를 치게 된 거죠. 이제는 성청이 쫓아오기 시작한거에요. 성청이 좀 점점 쇠약해지고, 나중에는 상당히 짧아지고, 남전도회가 성하다가 후로는 장로회가 또 등장하게 되는 거지요.

남전도회 회장을 80년도에 했는데, 이때는 모여서 누구 얘기하면 누가 전라도를 총지휘하고, 누구하면 경상도를 지휘하고, 누구하면 충청도를 지휘하는 거야. 그렇게 해서 총회를 치루면 몇 표까지 나오는지 정확해. 별 차이 없이 남전도회가 미는 후보가 승리해. 그럴 성도로 남전도회가 커져서, 그게 상당히 큰소리치다 보니까, 사조직을 없애야 된다는 말이 나왔어. 그때 백천기 목사가 나와서 사조직을 없애려면, 동문회도 없애야 된다고 했어. 왜냐하면, 동문회가 누구를 지지하면 99프로 당선되는 거예요. 이렇게 남전도회가 평신도 단체로 급성장하고 이에 동문회도 그에 맞게 유지되었던 거지요.

남전도회 활동을 통해 어떤 섬김의 활동을 하셨나요?

제가 남전도회 회장할 때, 총회본부에 키폰을 만들어줬어요. 1980년도에 대치동으로 이사를 왔는데, 전화기가 부족해서 한 층에 전화기 하나 놓고 사용할 때였어요. 전화가 오면 그러면 "아무개 대리!"하고 소리 지르면 와서 전화를 받아요. 그때 정기석 장로를 통해서 남전도회에 키폰을 하나 해달라고 요청이 왔어. 근데, 나는 키폰이 그렇게 비싼 줄도 모르고 해 달라면 해줘야지 하고 남전도회가 무슨 회비를 받거나 교회에서 찬조금을 받을 때가 아니고 회장이 다 경비를 낼 때였어. 그 당시 내가 인천서 보수사업을 할 때니까 알았다고 하고서는 설치를 했는데, 1,470만 원이 청구서로 들어왔어. 80년도에 1,470만 원. 그 금액이면 강남에 아파트 35평짜리 두 채는 사고도 남아. 그래서 500만 원 이상은 못한다고 했는데, 결국 해줬어. 이건 정기석 장로하고 그 당시 교단총무만 알아. 직원들은 키폰 됐으니깐 좋게 쓰기만 하는 거야. 전화를 42대인가 몇 대를 했어요.

박희순 장로님이 남전도회를 할 때는 농어촌에 아주 어려운 교회 교역자들을 한 20명 정도를 모셔서 서울 구경도 하고, 수양회도 해서 남전도회가 위로회를 해드렸어요. 2박 3일정도를 했는데, 내가 알기로는 4~5년 정도 계속 했을 거에요. 박희순 장로님이 주로 돈을 냈는데, 박희순 장로님이 정말 숨은 봉사자에요. 평신도국을 만들 때도 헌신을 하셨어요. 교단에 평신도국이 없었는데, 평신도가 이렇게 많은데 있어야 하지 않겠느냐고 이야기들이 나왔어요. 근데 총회는 기금이 없다고 하니까, 전준기 장로를 평신도 국장으로 하자는 얘기가 나오고 있었는데, 월급을 줄 사람이 없으니까, 그 월급을 박희순 장로님이 1년 지불하셨어요. 그러고 나서 총회에서 평신도국을 인정하고 그때부터는 총회에서 월급을 받았죠. 그게 아마 1년 이상 하여튼 그 박희순 장로님이 다음 총회 때까지 후원했으니까 그렇게 해서 평신도국이 생긴 겁니다. 그 다음에 전준기 장로가 공제회로 갔어. 그 바람에 평신도 국장이 공석이 되니, 유재수 장로를 데려다가 놓은 거야. 그래서 유재수 장로가 40년 동안 적십자병원에 있다가 평신도 국장으로 와서 좀 있다가 경리과로 이동하고, 마지막으로 신문사 사장을 하다가 그만두었지.

장로회는 어떻게 성장을 했나요?

'장로회'라는 것이 구별이 없었던 때였는데, 총회 때 장로들, 대의원들이 모이잖아요. 그게 장로회 총회인거에요. 몇 명이 명단을 짜 가지고 나오면 임원이 되는 걸 보고, 내가 이의를 걸었어요. 우리 교단이 장로가 2,500명 이상 됐을 때, '장로가 이렇게 많은데 대의원이 모여서 총회를 해야지, 어떻게 총회 날 모인 사람들은 잘 모르는 사람들인데 거기서 총회를 하느냐'고 이의를 제기했어요. 1975년에 건의를 해서 바로 잡기 시작했습니다. 대의원 20명 당 장로 몇 명, 지방회 장로가 100명이면 5명, 200명이면 10명. "대의원은 파송을 해서 거기서 총회를 열자"라고 했더니 '된다. 안 된다.', '안 모인다.' 등등 의논을 거듭했어요. 한우리교회 이동수 장로님이 회장을 하고 김용섭 장로, 박희순 장로님이 회장을 하고 나서는 장로회가 대의원제를 채택하고 총회가 이루어졌어요.

장로회가 갈수록 정치성이 짙어졌어요. 그러다 보니까 남전도회보다는 장로회로 가서 감투를 쓰려고 생각들을 했어요. 김도규 장로가 회장 할 때인데, 평신도 중 교단의 제일 어른은 장로부총회장인데, 어른이 아래로 내려가면 안되는 거니까, 장로회장을 하고 장로부총회장을 하는 건 이해가 되지만, 장로부총회장을 하고 장로회장을 하는 건 말이 될 수 없다고 내가 아주 반대하였습니다. 김도규 장로가 나보다 나이가 두 살인가? 세 살인가? 많았지만 아주 반대하면서 "김도규 장로님까지만입니다."하고 강력하게 이야기를 했어요. 왜냐하면 모귀기 장로도 장로회장을 하고 싶어 했는데, "모귀기 장로는 장로부총회장을 해서 안 된다."라고 해서 이창영 장로가 회장을 했어요. 그렇게 진행이 되면서 장로회가 이제 교단 정치의 중심에 있게 되었다고 봐야겠죠.

지금은 장로회가 제일 힘이 있습니다. 남전도회는 그냥 전도 기관으로 쭉 나가고 있고, 정치를 하고 싶은 사람들이 많은데, 장로회를 해야 투표권이 있는 사람들과 연결이 되잖아요. 이전에는 남전도회만으로도 정치가 가능했는데, 장로회가 성청에 들어가고 싶어 하기 시작하면서, 장로회가 1975년 이후에는 정식 회장, 총무, 부회장, 대의원 총회로 자리를 잡아 갔어요. 1985년도쯤 되어서는 장로회가 정상화되면서 장로회로 정지석인 것들이 치우치기 시작한 겁니다.

남전도회 출신을 장로회에서 임원으로 안 쓰려고 합니다. 남전도회에서 임원을 했는데 굳이 장로회까지 와서 하느냐는 거죠. 그런데, 지금은 많이 장로회로 들어가려고 해요. 남전도회에서는 "장로회로 들어가라 왜 못 들어가느냐, 들어가서 같이 하면 되지!"라고 얘기를 해요. 그러면 장로회는 "남전도회는 남전도회에서 끝내지, 왜 장로회로 오느냐?" 이런 식이고, "무슨 소리냐 장로회도 하고, 남전도회도 같이 섬길 수 있지 않느냐?", 이런 식으로 좀 기 싸움이 있어요. 그래서 남전도회 회장 출신이 장로회 무슨 자문위원으로 몇 명씩 가고, 장로회 회장을 한 사람을 남전도회서도 자문위원 몇 명하고, 이렇게 합의가 돼서 지금 그렇게 진행되고 있어요.

교단 정치의 맛을 들이는 사람은 장로회를 가고 싶어 하는 거예요. 그리고 장로회는 그 협동 총무를 몇 년 이상 4년인가, 5년 이상 하면 부회장 자격을 줘요. 그러면 그 지역에서 추천을 하면 하나씩 넣어줘요. 그리고 서울이 셋이 들어가고, 각 지역에서 하나씩 들어가고 이런 식으로 배정을 하고 있어요. 현재, 결국 장로회는 부회장이 7, 8명 나오니깐 장로회장을 할 수가 없어요. 남전도회는 임원이나 총무가 되면 감사로 가고, 감사 갔다가 부회장 갔다가 회장 가거든요. 그런데 장로회는 박희순 장로님이 나한테 부탁을 해서 각 지역에서 하나를 넣기로 해서 7명으로 해놨었어요. 그래서 인원이 많아졌죠. 그러니까 거기서 회장은 경쟁이 되는 겁니다. 그렇게 돼서 부회장 한 사람은 아마 100여 명 이상 될 거예요. 장로회 회장은 지역도 좀 봐야 되고, 경쟁이 치열해서 힘들어요.

회장을 지냈던 분들이 또 단체나 연합회, 친목 활동을 하는데, 남전도회 회장 출신 모임은 성지회라고 하고, 장로회 회장을 역임한 사람들끼리 모인 단체는 성장회라고 부릅니다. 장로부총회장을 역임한 사람들의 모임은 성백회라고 하죠. 그중에서 그래도 영향력이 있는 원로회는 아무래도 '성백회'입니다. 청년회도 그전에는 있었어요. 성청동문회인가? 모임이 있어서 내가 초대 회장이었습니다. 지금도 아마 있을 텐데. 지난번에 70주년 기념대회 때도 내가 축사하러 가서 공로패 받았어요.

여전도회와 여교역자회, 권사회는 어떻게 성장하였나요?

여전도회는 남전도회, 성청과 비슷합니다. 여전도회는 여
전도사들이 오지 않습니다. 김희택 목사님이 총회장을 하면서
그때 총회를 여전도회와 여전도사 모임으로 나누었어요. 김희
택 목사님 총회장 때에 여전도회 총회를 집사들한테 넘기고,
여전도사는 여전도사회로 별도로 모이게 했어요. 대전에 성락
원이 있는데, 여기를 여전도사들이 사용하고, 이후 여교역자
회로 성장했어요. 그리고 평신도를 중심으로 한 여전도회가
탄생이 된 거예요.

원래 여전도회는 여전도사들이 회장을 하고 다 그랬는데,
따로 분립하려니까 그래도 뭐가 필요하지 않냐? 그래서 성락
원을 달라고 한 거예요. 그런 얘기가 한참 오갈 때, 성락성결
교회 여전도사님, 권사님, 또 청파교회 권사님, 은평교회 권사
님이 아주 활발하게 활동했어요. 그 중 제일 많이 활동한 사람
은 아현교회 이승원 장로님 부인입니다. 그런데 이승원 장로
님 부인이 결과를 못 얻고 돌아가셨어요. 아주 오랫동안 이를

위해 활동하셨는데 그거 찾으려고.

성락원은 1982년도에 새로 지어졌는데, 그건 박남형 목사가 모금을 많이 해서 된 거예요. 박남형 목사가 성락원에서 아주 헌신적 사역했어요. 조치원 교회에 적을 두고, 88세에 거기서 기념식을 했어요. 그때 날 보고 격려사를 해달라고 해서, 또 내려갔었지. 박남형 목사는 문준경 전도사 건립할 때, 전도사 대표로 실행위원회에 들어왔었어요. 그래서 더 친해졌지요.

그런 과정 속에 여전도회는 자동적으로 태어났고, 여전도회가 어느 정도 구성된 후에 여전도회 회장을 역임한 권사들이 권사회 총회를 만들어서 하고 했어요. 여전도회와 권사회는 계승이 있습니다. 그래서 여전도회하고, 권사회하고 관계가 있어요. 요새는 신인들이 많이 회장이 되지만, 그 전에는 여전도회 회장을 하고 그 다음에 권사회 회장을 하고 그랬어요.

장로회나 권사회는 기관이 아니고 친목단체입니다. 근데 장로회는 그 협동총무를 4년인가? 5년 하면 부회장을 할 자격이 있어요. 지역에서 올리면 부회장이 돼요. 근데 지역이 6개 지역 이고, 서울에 장로가 많아요. 반은 가지고 있으니까. 그냥 서울에 3개를 줍니다. 3명을 서울에서 하고, 나머지를 지방에서 하나씩 하는 거예요. 그런 식으로 해서 부회장이 10명이에요. 장로회 같은 데는 회칙을 내가 많이 만들었어요. 회칙 개정 위원도 많이 했어요.

초교파적인 평신도 단체 활동은 어떻게 하셨나요?

성결교, 장로교, 감리교 포함해서 우리 한국에는 1980년도에 34개 교단이 있었어요. 내가 창립 멤버로 평신도단체협의회가 만들어졌어요. "한국교회 평신도단체협의회". 그게 통합, 합동, 기성, 침례교, 감리교, 순복음 처음에 그게 6개인가? 시작이 됐을 거예요. 우리 교단 평신도 대표로는 홍기득 장로님도 참여를 하셨습니다.

나는 창립 멤버니깐 회장 출신들끼리 모여서 밥을 먹고 했어요. 한 달에 한 번씩 식사를 하는데, 나에게 연락이 오면 한 번씩 갔어요. 1988년 그 때에, 사람들이 회장을 늦게라도 하는 게 어떠냐고 자꾸 권하는데, 김상교 장로도 있고, 박광철 장로도 있고, 알지도 못하는 후배 장로들이 다 회장을 해서, 나는 하고 싶지 않다고 했어요. 그런데도 자꾸 권해서 1999년 ~2000년까지 2년을 했어요. 통합 측 장로 중에 내가 하면 꼭

총무를 하는 분이 있어요. 신명식 장로라고 앞장서서 해요. 그래서 그 평신도단체협의회가 지금까지하면 아마 한 40년 넘었을 거예요.

또, 증경 회장이라고 해서 지금 모이는 게 한 10여명 됩니다. 중간에 돌아가시고 해서 지금 많이 모이면 12명, 보통 10명 그래요. 그러면 거기서 우리 성결 교단이 약한 게 아니에요. 내가 무슨 얘기를 하면 나를 많이 따라줘요. 우리 증경 회장들도 그래서 성결 교단이 뭐 어디 가서 교단이 작다고 끌려다니지 않고, 우리는 처음부터 내가 한국기독교총연합회 들어가서 일 할 때도, 부회계, 회계, 부회장, 공동회장까지 했어요. 장로는 공동회장 이상은 못해요. 대표회장은 목사가 하니까. 근데 거기 공동회장까지 내가 했어요. 길자연 목사가 신명범 장로가 없으면 안 된다고 해서 섬겼어요. 그런데 길자연 목사 때, 홍○철 목사를 대표회장 시키는 과정에서 한기총이 망가진 거야. 홍○철 목사 시킬 때, 억지로 말도 안 되는 짓들을 하고, 그 사람이 안 되는 건데도 되게 만들어서 재판을 하고 엉망이었지. 그래서 큰 교단들이 나와서 한교연(한국교회연합회)을 만든 거야.

평신도단체협의회는 첫째, 신년 하례, 둘째, 3·1절 행사를 했어요. 2023년 신년 하례에 김주헌 총회장이 가서 설교했어요. 서울시장도 매년 참석합니다. 코로나 이전에 큰 행사들은 밖으로 나가서 길거리에 플래카드 들고 막 했었는데, 코로나 이후로는 잘 안하고 교회에서 하거나 100주년 대강당에서 해요. 6·25와 8·15 이런 행사는 꼭 하는데, 할 때에 무슨 뭐 장군을 모셔서 한다든지, 누구를 모셔야 한다든지 적절하게 초대를 해요. 그리고 평신도단체협의회는 보수 단체이기 때문에 보수적인 사람을 모십니다. 그래서 조금 보수적이지 않은 사람을 좋아하지 않습니다. 여기는 보수기 때문에 나라에 대한 성명서 이런 걸 다 하고, 그 전에 시가행진도 했잖아요. 십자가 메고 길거리 행진했던 거. 또 '나라를 위한 특별 기도회'는 많이 해요. 그때는 우리가 행사를 하면 문화공보부에서 밥값으로 돈이 나와요. 그런데 내가 할 때 문공부에서 2,000만 원이 나왔는데, 밥값이 2,500만 원으로 하도 많이 나와서 애를 좀 먹었어요. 십자가 행진은 임원들이 돌아가면서 지고 갑니다. 한 10m씩 가서 사람이 바꿔서 메고 갑니다. 그렇게 해서 한국기독교총연합회, 평신도단체협의회는 잘 운영이 되었어요.

평신도 단체의 동호회 활동과 선교활동에 대해 말씀해 주세요.

56동기회

56동기회는 1955년, 1956년에 서울신학대학 입학 동기예요. 그 동기가 정말 인재가 많습니다. 똑똑한 사람 최건호, 손덕용, 강신찬, 이병돈, 윤철중 목사 등등 이분들이 다 56동지회야. 56동기회가 우리 교단의 총회장, 부총회장, 장로 부총회장까지 그 동기회가 거의 다 했어요. 그 동기회가 그렇게 강했어요.

동기회를 하면서 이름만 동기회지, 사실 성청 회장을 하려고 모인 경우가 많았어요. 사실은 그걸 황대식 목사님이 중재를 많이 했어. "자네들은 목회할 생각만 해. 지금 무슨 성청을 자꾸 가지고 이래." 이래가지고 체부동교회 이대형이 회장이 되고, 내가 성청부회장이 됐어. 근데 이대형이 3개월도 안 돼서 행방불명 돼 버렸어. 삼각지에서 인쇄업을 했는데, 뭐 잘못됐는지 소식이 없는 거야. 그러니까 부회장인 내가 1967년부터 회장 대행을 했지. 그러다가 1969년에 내가 정식 회장이 된 거야. 1967년부터 1973년까지 회장 대행 포함해서 장기 집권을 했지.

백합선교회

백합선교회는 내가 주도로 해서 만들었다고 봐도 됩니다. 동호회도 마찬가지고. 그 당시는 서울은 동지방과 서지방회만 있었으니까. 서지방회의 장로로서 뜻있는 사람끼리 선교하자는 목적으로 백합선교회를 만들었어요. 우리 교단을 위해서 조그마한 교회를 선교하자는 목적이 우선이고, 친교도 하자 그래서 만들었지요. 당시 아산만교회, 기흥교회, 부산백합교회, 적십자병원 등을 선교했어요.

박희순, 홍기득 장로님을 회장으로 서지방의 장로들 12명과 백합선교회를 하면서 내가 총무로 12년을 섬겼어요. 백합선교회는 서지방 장로들이 만든 거예요. 신갈교회, 아산만교회, 기흥교회, 부산의 백합교회도 우리가 개척했어요. 그때 당시 서지방이지. 홍종서, 박희순, 홍기득, 신명범, 손재연, 김동수, 이익제, 김승보, 장남식 등 또 거기 장로 셋이야. 그래서 총 열두 명이야. 그래서 '백합선교'라고 이름을 지어서 시작 한 거예요.

성결선교동우회

성결선교동우회는 20명 정도의 장로들로 구성되어 1988년부터 시작이 되었어요. 최명철 장로님이 초대회장이었어요. 동우회에서 개척한 교회만 일곱 개 교회에요. 총회에서 다 표창을 받았습니다. 지금 이번에 미얀마는 1억 5천 들여서 개척하고 있어요. 얼마 안 있으면 헌당 예배도 참석할 거예요. 장○○ 선교사가, 멕시코 선교사 할 때, 처음에 우리 동우회가 이층집으로 선교를 시작했어요. 선교지 5개 곳은 아마도 내가 반이나 3분의 1정도는 헌금했어요. 그리고 나머지는 회장들보고 하라고 그랬지요. 그래서 멕시코, 필리핀, 미얀마(지금 하고 있고), 그리고 남아공, 또 중국 연변, 러시아, 브라질 등. 조○○ 선교사 몰라요? 아 러시아 모스크바에 있는데, 거기도 우리 교회가 3천만 원 선교했어요. 총 해서 지금 미얀마까지 일곱 개 교회에요. 5천만 원 이상 봉헌하면 총회에서 그 표창을 해주거든 그래서 우리가 5~6개의 표창을 받았죠. 성결동우회는 학원선교도 했어요. 건국대학교에 한마음회를 조직하였고, 충남대학교 정문 쪽에, 목포대학 글로벌 비전센터 안에, 그리고 밀양 지역에 학생들을 위해 복음을 전하는 일에 후원을 아끼지 않았어요.

성결선교동우회는 우연히 생겨진 거예요. 동우회는 우리 목사님을 부총회장을 시킬 때 99%가 안 된다고 그랬습니다. 우리 강변교회 이중태 목사님이 안 된다고 그랬는데, 극적으로 우리가 이겼어요. 그러면서 56동지회가 마음대로 하려고 했는데 사람들이 '신 장로네 그룹 때문에 진거야' 말했어요. 그러니까 상당히 우리 친구들이 위세가 좋았어요. 내가 남전도회 회장을 81년도에 했어요. 81~84년도야. 그때가 84년도까지의 남전도회 임원들이 전국에 퍼져 있어, 그 사람들의 힘에 의해서 우리가 이긴 거야. 그러니까 그때는 정치가 뭔지도 모를 때인데, 남전도회 임원들의 힘으로 이긴 거야. 그런데 그때는 56동지회가 총회장, 부총회장, 목사, 지방회장, 장로 다 그 사람들 손에서 움직였어. 그걸 우리가 극적으로 이긴 거야. 그러니까 상당히 남전도회가 세진 거지. 그렇게 우리가 몇 년을 지내다가 남전도회 회장들이 이러지 말고 모임을 하나 만드는 게 좋지 않겠느냐? 그래서 대전 거북장인데 거기서 '모임을 하나갖자'고 해서 "88년인가? 89년인가?"에 거기 모여서 '모임 이름은 뭐라고 할까?' 고민할 때 내가, '성결교회 친목 동우회지' 그래서 '성결교회 동우회'가 탄생이 된 거야.

인천 송현교회 최명철 장로가 초대회장이고, 그 다음에 정권 장로, 그 다음에 내가 세 번째에 회장을 했어. 그 때는 2, 3년씩 했으니까. 그래서 동우회가 커지기 시작했는데, 처음 시작은 20명 이내입니다. 성결동우회 회칙에 '회원은 20명 이내로 한다.' 이래서 지역 대표로 하나씩을 다 뽑다 보니까, 뭐 다 내 친구들이지. 우리하고 친한 사람들이지. 목표는 없었어요. 친목하는 거지. 개척은 우리가 많이 했죠. 그러니까 정치적인 건 없었어요. 처음에는 없었고, 우리는 항존 위원회고 뭐고 안 들어갔어요. 근데 정권 장로가 회장되고 나서 몇 년 후에 그래도 우리가 앞으로 이렇게 모임을 갖고 정치에도 관여를 하려면 우리도 항존위원회에 들어가야 한다고 하길래 항존위원회에 들어가기 시작 했지. 처음에는 항존위원회고 일절 안 들어갔어요.

이중태 목사님이 총회장 할 때도, 아무것도 안 들어갈 정도니까 우리는 정치를 몰랐어. 나도 그 때는 열심히 이중태 목사님 선거운동을 위해서 하루에 천리 길을 다닐 정도로, 목사님을 위해서 뛰었어요. 근데 99%가 안 된다고 그랬는데, 우리 목사님이 너무 착하잖아. 그러니까 음악 선생하든 분이니까 결국, 이중태 목사가 당선이 되더라고. 이긴 후로 그 위세가 계속 나가다 보니까 그리고 그때는 우리가 '야! 이번에는 부총회장으로 누구를 밀어드릴까' 그러면 90%는 되는 거야. 90%, 95%로 돼. 나 은퇴하고 나서도 이어졌으니까. 그게 1988년부터 2010년까지는 무난하게 우리가 주도를 했어요.

성결선교동우회의 선교는 어떻게 성장했어요?

처음에 장○○ 선교사라고 있지 아마. 그 양반이 얘기를 해서 처음에 멕시코에다가 일찍 교회를 해주려고 그랬어요. 이 설계를 가지고 보니까 2층으로 다 설계를 했어. 그래서 돈이 엄청나게 더 들어가는 거야. 그래서 직접 가서 봤더니 거기가 지형이 쑥 들어갔기 때문에 2층으로 해야 좋겠더라고. 처음에 2층으로 멕시코에다 지은 게 제1호일 겁니다.

처음에는 우리 모임에서 돈 내는 게 별로 없기 때문에, 그때만 해도 나는 사업을 했기 때문에 거의 내가 돈을 내서 회장들보고 개척을 하라고 했어요. 그래도 우리가 다른 건 몰라도 선교하자고 모인 거지요. 그냥 놀려고 모인 건 아니니까 개척을 이제 시작한 거예요. 개척하면 총회에서 공로패를 받았어. 우리가 5천만 원 이상 내니까 공로패를 매번 받았죠. 그래서 그 다음에 브라질, 지금 유○○ 선교사 교회를 했는데, 다행히 미국에 동양선교교회가 개척하면서 골조를 다 해놓은 걸 우리가 넘겨받았어요. 그래서 조금 쉽게 우리가 인수해서 지금 브라질은 잘되고 있습니다. 우리 개척교회에다가는 10만 원, 20만 원, 30만 원을 이렇게 보내고 있어요. 세 번째 교회가 중국인가 연변에 교회가 있어요. 그리고 남아공에 그 김홍세 목사 아들이 그 선교사 나갔을 때, 우리가 유치원하고 교회를 같이 지어준 게 있어요. 필리핀에 파라다이스 교회도 우리가 지어주면서 권○○ 선교사를 알게 됐어요. 시베리아에는 조○○ 선교사가 있고, 그러면 지금 7개가 되거든요. 멕시코, 브라질, 중국 연변, 남아공, 필리핀, 미얀마, 러시아

외국인 학생들을 위한 선교센터를 만들었어요. 동우회가 제일 중요하게 여기는 게 있어요. 대학교마다 지금 세 군데를 외국인 선교, 선교회를 조직해서 그 건물을 얻어서 그 교수들이 강의하면서 예배드리고 이렇게 하는 선교센터가 있습니다. 그게 건국대학교에서부터 시작했어요. 건대는 조치원교회로 간 최명덕 목사가 협조해가지고 시작을 했어. 그런데 거기 부총장이 장로님이더라고 내가 설립할 때도 가서 기도했어요. 충남대학교 앞에 거기도 우리가 2층을 얻어서 선교하고 있어요. 그리고 2~3년 전에 목포에 목포대학에 '목포대 글로벌 비전센터'를 하고 있어요. 또 밀양에 다문화카페를 지원하고 선교하고 있어요. 외국인 노동자들을 위한 선교를 담당하고 있어요.

적십자 병원선교회

1978년. 그때 우리 백합선교회 끝나면서 잔액이 병원 선교로 다 들어갔어요. 명칭은 적십자병원선교회입니다. 우리가

그만두면서 우리 기금을 그쪽으로 다 넘기고 홍기득 장로님이 다녀오면서 병원 선교를 하게 되었고, 유재수 장로가 아주 잘 알고 있어요. 적십자 병원선교회가 우리 교단에서 인정하는 기관이에요. 이거 중요해요. 이게 기관 목회 한다 그러면 총회 본부에서 사역하는 것이 기관 목회잖아요. 학교도 기관 목회 잖아요. 적십자 병원선교회에서 사역하는 것도 마찬가지에요.

평신도 성결 운동으로 적십자 병원선교회는 교단이 잘 모르는 것 같아요. 내가 1969년부터 성청 회장이었고, 그 전에 만들어졌다고 봐야하니깐 아마 67년도 아니면 68년도쯤 백합선교회가 만들어지고 한 10년 활동을 했던 거 같아요. 이게 적십자 병원선교회는 존 웨슬리가 마지막에 본인이 사회 선교할 때 학원선교와 병원선교회 했잖아요. 그런 것처럼 평신도 단체 운동에서 백합선교회가 사실은 병원 선교를 시작한 거에요.

적십자 병원선교회에 우리가 가지고 있는 기금 1천 몇 백만 원을 병원선교로 넣어서 운영을 하게 되니까, 다른 교단에서도 들어오려고 했었어요. "기성에서 먼저 시작했는데, 무슨 얘기냐? 안 된다! 해서 우리 교단이 했죠." 1천 몇 백만 원을 지금으로 환산하면, 그때 얘기하면 아파트 강남에 3채는 사. 1980년도에 32평짜리(600만 원), 35평짜리(650만 원)해서 2

채를 사니까. 그 전이면 3채는 사지.

교역자 공제회

교역자 공제회가 생기기 전에 교역자 연금관리위원회가 있었어. 내가 연금관리위원회 서기로 섬겼어요. 그리고 신차범 목사가 위원장인가 그랬을 거예요. 그리고 내가 서기인데, 연금재단으로 넘기기로 결의를 한 거야. 그것도 몇 년인지 모르겠네. 그래서 연금재단을 만들기로 결의를 하고, 우리가 연금재단을 만들려고 하다 보니까 법에 걸려. 우리 교단에 재단은 하나밖에는 둘 수가 없는데, 유지재단이 있기 때문에, 그 안에 다 넣기 전에는 안 되는 거야. 거기다가 연금재단을 같이 넣으면 안 되지. 그래서 법으로 허가되는 조직은 공제회 밖에 없었어, 공제회로 하면 허가가 나서 교역자 공제회를 받은 거예요. 교역자 공제회는 나하고, 김도규 장로, 서병하 장로가 초대 이사예요. 처음에 교역자 연금은 70만 원을 제일 많은 걸로 해서 만들었어요.

그런데 어떤 목사님은 공제회를 반대하면서 가입하지 않았는데, 은퇴하게 되니깐 넣어달라는 거예요. 밀린 걸 다 갖다 넣으면서. 그래서 우리가 받지 않겠다하고, 최영화 사무장에게 한꺼번에 받는 건 안된다하고 보류를 시켰어요. 왜냐하면,

지금까지 넣은 사람들도 있는데 한꺼번에 넣으면 누구라도 그렇게 한다고 그럴 가능성이 있기 때문에 받을 수 없다 했어요. 그런데, 결국은 보상조로 2천만 원을 내주고 받아줬어요. 근데 이 분이 좀 억울한 것은 너무 빨리 돌아가셨어요. 돈을 많이 내고도 들어오려고 할 때는 생각을 안했겠지만 하나님의 섭리는 잘 모르는 것이니까요.

지금 공제회는 어렵다고 생각해요. 연금은 펀드 관리하는 사람이 필요해요. 수백 억을 보유하고 있는데, 관리를 해야지 그냥 넣어놓고 이렇게 활용한다는 건 말도 안 되요. 지금 솔직히요. 장로들은 말 안 해서 그렇죠. 연금을 몇 년까지만 걷고 안 걷기로 했어요. 그걸 계속 지금 연장하잖아요. 이거 장로들이 반대하면 안 되는 거예요. 이게 계속 뭐 몇 프로 지금 걷잖아요. 이병돈 목사님 총회장 했을 때, 2년인가? 3년을 더 연장해달라고 해서 통과가 됐습니다. 그러고는 통과가 나가지고 계속 하고 있는 거에요. 지금 근데 그거 아는 사람이 많지 않아요. 근데 이건 교역자 문제니까 말도 않고 있지만은 연금 관리는 심각한 겁니다. 지금 150만 원인가? 얼마까지 최고 수령액이 올라간 거 같더라고요. 우리가 처음에는 70만 원에 이상 안 올린다고 해놓고 시작을 했는데 말이에요.

제일 중요한 거는 사실 큰 교회는 괜찮아. 우리 교회에서 주는 게 있으니까. 그런데 어려운 교회들이 많잖아. 그 사람들에게 혜택이 없는 거야. 그래서 어려운 교회는 조금 내고 큰 교회는 좀 많이 내고, 이렇게 해서 우리가 그걸 구상을 했어요. 원칙에 의해서 아주 시골교회는 아주 적게 그리고 전도사는 뭐 조금 이렇게 해가지고 여전도사도 조금, 이렇게 시작을 해서 최고 많이 드리는 것은 70만 원을 그때 정한 것 같아. 왜냐하면 평신도들이 은혜 받고 섬기려고 하는 그 생각에 어떻게 보면 뱅크론을 운영하는 거잖아. 이거 굉장히 그러니까 존 웨슬리도 지역사회, 의료사회, 학원, 그다음에 대부사업까지 했거든요. 그게 고스란히 지금 보면 평신도 성결 운동인 거죠.

문준경 전도사 기념관 설립

여기가 국민학교에요. 여기 옆에 가, 국민학교인데 여기가 딱 내가 내려가니까. 난 이거 안 한다고 그랬어. 근데 자꾸 한 번 내려가 보자고. 이재완 목사님이. 이재완 목사가 성청 출신이야. 그래서 내려가서 보니까 마음이 달라지는 거예요. 그 비석 같은 거 하나 저기다 세워놓고, 길 옆에 세워놓고 있는데, 그 길 가운데가 문준경 전도사님 돌아가신 장소야. 그런데 역사편찬위원회에서 땅 사 놓은 건 500평도 안 돼.

그래서 내가 '이거 가지고는 안 됩니다. 그래도 문준경 전도 사님 기념관 하면 아무리 못해도 2, 3천 평 가져야죠. 이거 가지고 무슨 기념관이 되겠냐고'라고 말했어요. 그런데 신안군에서 굉장히 협조를 하더라고. 군수가 기독교인이고. 그래서 내가 거기 그 이 무슨 장로 보고 '이 근방에 우리 그 500평 사는데, 그 옆으로 땅 이거 우리가 사도록 하자' 그때는 계획도 없고 돈도 없었어. 그런데 내가 사자고 그랬어. 그래서 알아보더니 이천 몇 백 평이 그 뒤로 이렇게 나와 있대. 내가 '무조건 이거 계약합니다, 계약해야 합니다.'라고 하니까 계약금이 없다는 거야. 내가 무조건해야 한다고 주장해서 우리 회사 돈으로 계약금을 치렀어. 나는 헌납은 아니고요. 이자는 안 받습니다. 그 대신 이거 계약해야 되니까. 계약하자. 그래서 결국 계약하고 잔금 치러서 이렇게 한 2천 5~6백 평이 된 거야.

그래서 송춘식 장로가 그 조합이 구성되어 있는 땅이 있는데 그 입구야. 그래서 '어떡하든지 우리한테는 편입시켜야 돼. 교단을 위해서 하는 거지' 은혜가운데 안 판다는 땅을 김정 목사가 듣고 30만 원씩인가에 샀지. 근데 거기에 그 다리를 놔준 게 하나님께서 정말 기회에 맞춰서 놔준 거야. 우리가 처음에 거기 다닐 때 배 타고 건너갔어. 배 타고도 다녔는데 건물을 지으려면 나무도 실어 와야 되고, 뭐도 실어 와야 되고, 뭐

실어 와야 되는데, 그거 인건비 말고도 그 운반비가 엄청나게 들어갈 거야. 그런 걸 우리가 5월인가? 4월인가? 시작하는데, 3월 말에 섬으로 들어가는 다리가 개통이 되는 거야! 아 그래서 얼마나 도움을 받았는지 모르지, 포크레인가? 이만큼 큰 거 들어갔거든. 그런데 그런 거 어디서 어떻게 들어가. 배로 어떻게 들어가. 그 조그만 배에. 그런 것들 보면 다 하나님이 계획하신 거야!

길보른재단: 구호활동

한국전쟁 후 교단에 미국에서 보내 온 구호물품이 있었어요. 길보른 재단에서 그 뭐 있었어요. 그 때 장충단교회 고 장로가 거기 무슨 감사인가? 뭘 해서 교회로 이렇게 보내줬어요. 일구좌씩 구호물품을 보냈어요. 거기에는 옥수수가루, 분유, 버터, 깡통 등이 있어서 그것을 꿀꿀이 죽으로 만들어 가난한 사람을 위해 나누어 주는 일을 했어요. 그런데 이 구호물자를 가지고 개인적으로 팔아서 이득을 보는 사람들이 있었습니다.

길보른재단이라고 해서 김제에 재산이 있죠. 그게 삼십만 평입니다. 그거를 우리가 조사를 했어요. 했더니 이것은 당시 김제지역에 강둑이 무너져 많은 피해가 있었는데, 교단에서 받은 구호물자를 무너진 둑을 재건축 하는 데에 사용했어요. 그래서 전라북도에서 감사하다고 교단에게 그 수리 조합 그러니까 뭐지? 그 수리 조합을 뭐라고 하는 거야? 있어 저, 물 담아났다가 물을 이렇게 뽑아 나가는 게 수리 조합인데. 그걸 하던 땅인데, 그 근처 30만 평을 우리 교단에다가 기증을 했어. 교단에다가 기증을 했는데, 이것을 교단의 사회사업 유지재단 재산으로 등록하지 않았어. 그래서 지금은 남아있지 않아.

신명범 장로님의 이력을 알려주세요.

생년월일
1937.11.29.

학력
1956년 2월: 성동공업고등학교 졸업
1958년 12월: 건국대학교 경제학과 중퇴
1995년 8월: 명지대학교 현대사상 지도자(전공) 과정 수료

신앙경력
1948년 4월: 홍은성결교회 입교

1953년 12월: 홍은성결교회에서 집사

1959년: 문화촌성결교회 집사(집사 6명과 함께 개척)

1964년 3월: 강변교회(전 삼각지 교회) 출석

1972년 2월 27일: 기독교대한성결교회 강변교회에서 장로 장립

1972년 ~ 2007년 10월: 강변교회에서(35년 8개월) 장로 시무

1972년 ~ 1975년: 강변교회(교회신축) 건축위원장

1999년 ~ 2000년: 강변교회(교회 재건축) 건축위원장

1976년 ~ 1979년: 서울 남지방 남전도회 연합회 회장(3회기)

1984년 ~ 1986년: 서울 남지방 장로회 회장(2회기)

1979년 ~ 1980년: 서울 남지방회 부회장

1997년 ~ 2007년: 서울 남지방 심판위원, 인사위원회 실행위원

2001년 ~ 2004년: 기독교대한성결교회 서울지역 심판위원회 서기

1969년 ~ 1973년: 기독교대한성결교회 청년회 전국연합회 회장
(2회기 4년)

1980년 ~ 1981년: 기독교대한성결교회 남전도회 전국연합회 회장

1998년 ~ 1999년: 기독교대한성결교회 전국 장로회 회장

1998년 ~ 1999년: 기독교대한성결교회 평신도 단체 협의회 회장

1996년 ~ 현재: 한국성결신문운영위원회 부위원장, 후원회 지도
위원, 고문

1989년 ~ 1993년: 교단 83년차 총회 심리부 서기, 제86년차 총회
헌법 개정위원회 서기

1994년 ~ 1995년: 교단 제88년차 총회 헌법전면개정 심의 소위
　　　　　　　원회 부위원장

1996년 ~ 1999년: 교단 교역자 연금관리 위원회 서기, 연금재단
　　　　　　　이사

1997년 ~ 2006년: 교단 발전 기획 위원(97-98) 및 총회 법제부
　　　　　　　서기 2006년까지(3회)

1999년 ~ 2000년: 기독교대한성결교회 부총회장

2001년 ~ 2012년: 기독교대한성결교회 평신도 회관 건립 기금조
　　　　　　　성 위원장

2001년 ~ 2005년: 기독교대한성결교회 유지재단(감사 97-99, 2
　　　　　　　년) 부이사장

2005년 ~ 2006년: 기독교대한성결교회 헌법 자문위원, 총회장
　　　　　　　자문위원 4회

1997년 ~ 2000년: 한국 장로회 총연합회 공동회장(3회기)

1999년 ~ 2001년: 한국교회 평신도 단체 협의회 회장(2회기)

2000년 ~ 2010년: 한국기독교총연합회(회계 2년, 감사 2년, 부
　　　　　　　회장 2년, 공동회장 2년)

2013년 ~ 2018년: 신안군 증도, 문준경전도사 순교기념관 건립
　　　　　　　위원회 사무총장

2004년 6월 4일: 기성 제주 서귀포 강변교회 개척 봉헌

2007년 12월 7일: 기성 당진 강변교회 개척 봉헌

2019년 4월 ~ 현재: 필리핀 강변선교 법인 이사장

2019년 4월 ~ 현재: 필리핀 레갑 아카데미 국제학교 이사장

사회경력

1969년 ~ 1972년: 영일교통, 영화운수(버스) 주식회사 대표이사

1979년 ~ 1993년: 선진여객, 대한여객, 안성운수(버스) 주식회사

　　　　　　　　대표이사

1996년 ~ 2004년: 경성여객, 경향여객 주식회사 대표이사

2003년 ~ 2012년: 송도버스(주) 대표이사, 국일운수(합) 대표사

　　　　　　　　원(택시)

1994년 ~ 현재: 성동 공업 고등학교 제5회 동창회 회장

2005년 ~ 2009년: 인천시 동춘1지구 도시개발 위원회(조합) 감사

상벌

1973년 10월 2일: 교단 총회장(정승일 목사) 공로 표창패 수상

1981년 5월 12일: 교단 총회장(김희택 목사) 공로 표창패 수상

1999년 5월 27일: 교단 총회장(손덕용 목사) 공로 표창패 수상

2000년 6월: 교단 총회장(윤철웅 목사) 공로패 수상

2006년 6월 20일: 교단 총회장(이재완 목사) 공로패 수상

2007년 10월 28일: 교단 총회장(백장흠 목사) 공로 표창패 수상

2007년 10월 28일: 코리아 기독교 평신도 세계 협의회 총재 서영

훈 장로 공로패 수상

2007년 10월 28일: 한국기독교 총연합회 대표회장 이용규 목사
공로패 수상

2018년 4월 3일: 한국기독교 화해 중재원(이사장 피영민 목사, 원
장 박재윤 장로) 감사패 수상

2019년 4월 13일: 교단 총회장(윤성원 목사) 공로 표창패 수상

2022년 5월 24일: 교단 총회장(지형은 목사) 공로 표창패 수상

3장
기독교대한성결교회
평신도 단체 연혁

성청 전국연합회 연혁

1934. 1. 21.   성우청년회 발생 ○ 장소 : 김천남산교회 ○ 발
              기인 : 안계완, 황성주, 이기창, 이상윤, 신태영, 여
              일심, 조용수

1943. 12. 29. 조선총독부에 의하여 성결교회 복음이 일본국체
              에 위배된다는 이유로 본 교단이 강제 해산되었으
              며 순교 및 다수의 교역자 평신도가 옥고를 치룸
              (교회해산과 함께 성우청년회 활동 중단)

1945. 8. 19.   한국기독교청년동맹 조직 ○ 장소 : 피어선 성
              경학교 ○ 성결교회 청년대표 : 윤판석 ○ 참석
              : 성결교, 장로교, 감리교 청년대표 8명

1947. 3.   한국기독교회 청년회전국연합회 조직 ○ 한국
              기독교청년연맹 발전적 해체

1947. 3.   활천 3월호에 남산교회 성우청년회 활동기가 황
              성주에 의하여 소개되므로 전국교회에 이 운동
              이 번지게 됨

1948. 10.   한국기독교회 청년회연합회 해산을 선포하고 각
              교단으로 돌아가 교단연합회 조직

1949. 4. 16.   청년회전국연합회(성청)가 서울신학교에서 조직

○ 초대회장 : 김창근

1949. 4.	청년주일 제정 ○ 제28회 교단총회 결의: 매년 3월 첫 주일 ○ 제1회 성청주일은 6월 첫 주일에 지킴
1949. 4.29.	성청회보 창간호 발행 ○ 1~4호까지는 서류유실 ○ 5호는 1950. 4.17 발행
1949. 8.	제1회 전국대회 ○ 장소 : 대전여고 강당 ○ 대회장 : 윤판석 ○ 참가인원 : 150명
1950. 4.	제2회 정기총회 ○ 장소 : 서울신학교 ○ 회장 : 황성택
1951. 4.	제3회 정기총회 ○ 장소 : 부산 수정동교회(임시수도) ○ 회장 : 윤판석
1952. 2.11.	세계기독교청년대회(기청)에 멧세지 전달
1952. 4.10.	제4회 정기총회 ○ 장소 : 대구 향촌교회(피난 중 개최) ○ 회장 : 윤판석 ○ 주요결의사항 1) 지방교회 순회, 2) 십자군전도운동, 3) 성구포스타 전도운동, 4) 성청수양관 설치, 5) 세계기청대회와 W.C.C.청년부 위원대회에 본회 대표와 파견도 결의 ○ 총무:이종준
1952. 8.27.~9.1.	제2회 전국대회 ○ 장소 : 대전중앙교회 ○ 참가인원 : 250명

1953. 1. 2.~12.	청년농학강습회 개최 ○ 목적 : 부여군 일대의 교화운동 및 농촌운동 ○ 성청농업기술고등학교 설립에 기여
1953. 1.	지방순회 전도대회 실시 ○ 6.25사변 중은 서류유실로 기록못함 ○ 1대 : 1.12 – 22(윤판석, 이종준) ○ 2대 : 1.17 – 27(김완경, 박이경) ○ 3대 : 1.17 – 27(김봉엽, 김성호)
1953. 4. 22.	청년주일 변경 ○ 매년 10월 첫 주일
1953. 6.	성청농업기술고등학교 문교부로부터 정식인가
1953. 8.	성청농업기술고등학교 개교식(1954년 4월 제9회 교단총회에 학교 이양을 건의하여 교단에서 운영하다) ○ 이양 당시 학생 수 : 650명
1953. 7. 28.~8. 3.	제3회 성청전국대회 ○ 장소 : 부여중앙교회 ○ 주일학교 제1회 전국대회 연합 개최 ○ 참가 인원 : 300명 ○ 대회장 : 윤판석 ○ 반애국청년(반공포로)에게 의류제공(약 8,000명)
1953. 7. 21.	제5회 정기총회 ○ 장소 : 부여중앙교회 ○ 회장 : 윤판석 ○ 대의원 : 86명
1953. 8.	이승만 대통령께 영웅적인 반공포로 석방에 대한 메시지 전달
1954. 4. 23.	제6회 정기총회 ○ 장소 : 서울신학교 ○ 회장 :

전영식

1954. 5. 28. 성청관계 교역자간담회 개최 ○ 장소 : 서울지역

1954. 6. 3.－6. 5. 성서대강연회 개최 ○ 장소 : 서울 중앙교회 ○
강사 : 이명직 목사

1954. 10. 10. 군목위문대 발송 ○ 인원 : 43명

1955. 1. 14. 새한기업사 설립(전영식) ○ 1954년 12월 10일 가
칭(성청기업사)발족 ○ 목적 : 성청의 신앙부흥,
연합회 운영기금 마련

1955. 4. 22. 제7회 정기총회 ○ 장소 : 서울신학교 ○ 회장 :
전영식 ○ 대의원 : 61명

1955. 4. 23.－5. 2. 순회전도 및 강습회 실시(총무 : 이정율)

1955. 4. 25. 청년주일 재변경 ○ 매년 7월 첫 주일 ○ 제10회
교단총회 결의 ○ 8회－14회까지 실시

1955. 7. 25.－30. 제4회 성청전국대회(성청지도자강습회) ○ 삼각
산 임마누엘수도원 ○ 참가 170명

1956. 4. 17. 제8회 정기총회장소 : 서울신학교 ○ 회장 : 임사
순 ○ 대의원 : 60명

1956. 12. 7. 성청전도협회 발족 ○ 제7차 실행의원회 결의

1957. 2. 2.－23 이동성경학교(성청전련 강원지방 단기 성경학교)
개교 ○ 장소 : 원주제일교회 ○ 수료자 : 37명 ○
후원 : 총회본부 O.M.S

1957. 4. 1.	납치목사 유가족 위안예배 및 간담회 실시
1957. 4.23.	제9회 정기총회 ○ 장소 : 서울신학교 ○ 회장 : 이정률 ○ 대의원 : 53명
1957. 6. 7.	성청장학회 추진위원 34명 선정 ○ 추진위원대표 전영식 ○ 장학회 기금 1,700,000환(엘마 길보른 목사 기부)으로 서울 서대문 소재 2층 양옥 2동을 성청장학회 학사로 매수하기로 가결
1957. 7.29 - 8. 3	제5회 성청전국대회 ○ 장소 : 삼각산 임마누엘 수도원 ○ 대회장 : 이정율
1957. 7.31	제1차 성청장학회 추진위원회 개최 ○ 장소 : 삼각산 임마누엘 수도원 ○ 위원장 : 전영식
1957. 8. 2	제2차 성청장학회 추진위원회 개최 ○ 장소 : 삼각산 임마누엘 수도원 ○ 윤판석 장로(당시 고문, 증경회장) 임야 1,400평 기증
1957. 8.13. - 17	제1회 강원지련 대회에 강사파견 ○ 장소 : 강릉 초당교회 ○ 강사 : 이정률, 이응호, 조종남
1958. 1.30.	성청장학관 창립예배 및 창립총회 ○ 소재 : 서울 서대문
1959. 7.25.	성청사 발행 ○ 발행인 : 이정률, 편집 : 이응호
1959. 7.28. - 8. 3.	제6회 성청전국대회 및 제10회 정기총회 ○ 장소 : 삼각산 제일 기도원 ○ 회장 : 이응호

1961. 4.14.	교단 분열로 성청도 분열 O 연합기관인 N.C.C(한국기독교교회협의회)와 N.A.E(한국복음동지회)의 탈퇴 문제
1963. 4.27.	제12회 정기총회 O 장소 : 대전중앙교회 O 회장 : 임익성
1964. 8.18.	제13회 정기총회 O 장소 : 부여중앙교회 O 회장 : 임익성 O 대의원 : 41명
1965. 7.23.	교단 역사적인 합동성취 O 장소 : 아현교회 O 합동총회장 : 이진우 목사 O 청년부장 : 이만식
1965. 6.28. - 7. 4.	성청 특별기도주간 실시
1965.10. 9.	제14회 정기총회 O 장소 : 혜화동교회 O 회장 : 김연식
1966. 5. 2.	제15회 정기총회 O 기성과 예성의 합동총회 O 장소 : 장충단교회 O 회장 : 김연식
1967. 8.10 - 12.	제16회 정기총회 및 수양회 개최(임시수습 총무 : 강근환 목사)
1969. 2.26-28.	제1회 성청지도자강습회 개최 O 장소: 한국기독교수양관
1969. 8.22.	제17회 정기총회 O 장소 : 체부동교회 O 회장 : 이대영
1970. 7.21.	제18회 정기총회 및 제2회 성청지도자 강습회 O

장소 : 대구동촌농노원　○ 회장 : 신명범

1973.10. 2-5.　제11회 전국대회 및 제19회 정기총회　○ 장소 : 한
　　　　　　　국기독교수양관　○ 회장 : 박흥일

1973.10. 4.　임시총회 개최

1974. 4.12.　제1회 성결교회 전도의 날 활동　○ 청년전도 주력
　　　　　　　다짐

1974. 5.29.　전국청년연합협의회 발족　○ 참석 : 9개 교단, 기
　　　　　　　성 : 박흥일 회장　○ 장소 : 교육회관 대강당 ○ 의
　　　　　　　장 : 김태환

1974. 6.29-30.　제26회 성청주일기념 전국대회　○ 장소 : 대전중
　　　　　　　앙교회　○ 참석 인원 : 14개 지련(16개 중)300여
　　　　　　　명

1974. 8.12-14.　제12회 성청전국대회 및 제1회 협동전도봉사대 조
　　　　　　　직 ○ 장소 : 인천 송현교회 ○ 참석인원 : 700여
　　　　　　　명

1974.12.23.　성청 시국선언결의문 채택　○ 장소 : 제천교회

1974.12.23.　불우 나환자 위로의 밤　○ 장소 : 김천 동문교회

1975. 8.13-15.　제13회 성청전국대회 및 제20회 정기총회　○ 장
　　　　　　　소 : 서울신학대학교　○ 회장 : 박흥일 ○ 참석 :
　　　　　　　연인원 5,000명　○ 제1회 청년지도자 강습회　○
　　　　　　　제1회 지련대항 전국체육대회 ○ 제1회 지련대항

	음악경연대회 ○ 제2회 합동전도봉사대 활동 ○ 성청선교기금 1,000만원 달성 추진 ○ 청년합동구국기도회
1976. 4.12.	성청전련 사무실 개설 ○ 서울시 종로6가 덕성빌딩 222호(전화 26-6161, 교환 74)
1976. 6. 1.	갈릴리선교회 창립 ○ 민족복음화 촉진을 위해 범교파적으로 확대키로 함
1976. 6.26-27.	제28회 성청주일기념전국대회 ○장소:전주교회 ○참석:19개지련500여명 ○ 청년지도자강습회, 체육대회, 음악경연대회, 성경경시대회
1976. 8.17.	학생회전국연합회 창립총회 ○ 제30회 교단총회 청소년부 결의 ○ 초대회장 : 최종한(서울서)
1976.10.20.	성청전련회보 속간발간 ○ 발행인 : 박홍일 ○ 발간호수 제1호 통권 26호
1977. 1.1-3.	제1회금식기도회 및 전도강습회 ○장소:파주영태리교회 ○결신자:59명
1977. 1.11.	연합성가단창립 및 기념예배 ○장소:독립문교회 ○설교:방윤석목사 ○담당:백영길
1977. 3.15.	제2회 부활절 연주회 실시 ○ 연합성가단 100명
1977. 5. 1.	방송선교개시 ○매일밤 0시 45분 별이빛나는밤에 제2부 사랑의교실

1977. 5.25-6.16. 제29회 성청주일기념 전국대회

1977. 6.27. 청소년방송선교실시 ○C.B.S 매주 월요일오후11
시55분-자정"내일을향하여"

1977. 8.15. 민족복음화대성회 청년분과위원회 조직 ○ 위원
장 : 박홍일, 서기 : 백영길

1977. 8.18.-8.20. 제15회 전국대회 및 제21회 정기총회 ○ 장소 : 서
울신학대학교 ○ 회장 : 조철우

1977.10.10. 교단창립 70주년 기념 성청연합성가단 특별연주
회 ○ 장소 : 이화여자대학교 강당

1977.11.11. 교단창립 70주년 기념 공로포상 ○ 성청전련 : 윤
판석, 박홍일

1978. 1. 2-3. 제2회 신년금식 기도회 ○ 장소 : 삼각산 제일기
도원

1978. 1.17. 성청예술단 창단

1978. 7. 1. 성청예술성극단 지방공연 ○ 장소 : 충북 제천

1978.10. 3. 성청전련사무실이전 ○장소:구덕성빌딩→한미
빌딩

1978. 4.13-15. 성청성극단 창단공연 ○ 드라마센타 "드고아에서
온 사람"

1979. 1. 2-3. 제3회 신년금식기도회 ○ 장소: 파주영태리 교회

1979. 3.24-25. 제31회 성청주일 기념전국대회 ○ 장소 : 이리 삼

광교회

1979. 8.14-17. 제16회 전국대회 및 제22회 정기총회 ○장소: 주문진주영초등학교 ○ 회장: 김세창

1980. 1. 1-3. 제4회 신년금식기도회 ○ 장소 : 광주 주미산기도원 ○ 성청수양관에 대한 토의 및 기도

1980. 3.15. 성청관계자 연석간담회 ○ 장소 : 반도 유스호스텔

1980. 7. 5. 성청월보 발행(발행인 : 김세창, 편집 : 임정호) ○ 장소 : 코리아나호텔

1980. 9.14 . 제1회 연합성가경연대회 ○장소: 신촌교회 ○ 대상: 경인지역

1981. 1. 1-3. 제5회 성청신년금식대성회 및 청년지도자 강습회 ○ 장소 : 공주 주미산기도원

1981. 3.28-3.29. 제33회 성청주일기념 전국대회 ○ 장소 : 김천남산교회

1981. 6.28. 제2회 전국성가 경연대회 ○ 장소 : 중앙교회

1981. 8.11-8.14. 제17회 전국대회 및 제23회 정기총회 ○장소: 남대전교회 ○회장: 유지수

1982. 3.27-3.28. 제34회 성청주일기념 전국대회 ○ 장소 : 부산 수정동교회

1982. 7. 3. 제3회 성가합창제 ○ 장소 : 류관순 기념관

1982. 7. 5-7. 9. 제2회 청년지도요원 교육세미나 ○ 장소 : 중앙교회

1982. 11. 6.	제1회 백합제 및 성청성결인대회 ㅇ 중앙교회
1982. 11.	선교수첩제작 ㅇ벽지 선교기금 모금을 위하여 제작 ㅇ발간부수 : 5,000부 ㅇ발행 : 유지수 ㅇ편집 : 임정호
1983. 1. 6-1.8	제7회 성청신년금식대성회 ㅇ 주미산 기도원
1983. 3.12-3. 13	제35회 성청주일기념 전국대회 ㅇ 신촌교회
1983. 6. 4.	수양관 건립을 위한 성청관계자 연석 간담회
1983. 6.18 .	제4회 성가합창제 ㅇ 류관순 기념관
1983. 8. 3	성청수양관 건립추진위원회 구성 ㅇ 위원장: 유연엽 ㅇ 서기 : 임정호 ㅇ위원: 유지수, 이명종, 남철은, 정옥영, 김주식, 민좌홍, 후에 이석봉, 고동주
1983. 8. 8-11	제18회 성청전국대회 및 제24회 정기총회 ㅇ 포항교회 ㅇ 회장:남철은(경북서,남산)
1983.10.22.	성청관계자 연석간담회(성결회관)
1984. 1. 1	제8회 신년금식기도회
1984. 1. 2-3	성청수양관 건립을 위한 준비위원회 재구성 결의 (실행위원 20명 참석) ㅇ위원장:남철은 ㅇ총무:유연엽 ㅇ성결회관
1984. 3. 3-3. 4	제36회 성청주일 기념전국대회 ㅇ 강릉교회
1984. 6.30.	제5회 성가합창제 ㅇ 숭의음악당

1984. 8. 23.	제6차 성결교회연맹 총회 및 평신도대회(아시아 남태평양 지역) (청년대표 연석간담회 : 일본대표 15명, 한국대표 12명, 장소 : 총회본부)
1984. 11. 12.	제1회 서화전시회 ○ 성결회관 ○ 목적 : 성청사 발간기금 모금을 위하여
1985. 3. 9-3. 10.	제37회 성청주일기념 전국대회 ○ 성남교회 ○ 참석자 400여명
1985. 6. 15.	제6회 성가합창제 ○ 숭의음악당 ○ 출연교회 7교회 ○ 참석자 1,000여명
1986. 8. 5-8. 8.	제19회 성청전국대회 및 제25회 정기총회 ○ 부산 동광교회 ○ 회장 : 이석봉(서울남, 만리현) ○ 참석자 350명
1986. 1. 1-1. 3.	제10회 성청신년금식대성회 ○ 주민산 기도원 ○ 참석자 1,204명
1986. 3. 8-3. 9.	제38회 성청주일기념 전국대회 ○ 전주교회 ○ 참석자 430명
1986. 10. 6.	김경래 장로 댁을 방문(강원도 대관령, 성청회관 건립 추진위원 유지수, 정옥영, 유연엽, 김주식) 이승복기념관 뒤편 대지 약 5,000평을 헌납받기로 함.
1986. 10. 21.	성청회관 건립추진위원회 재구성 ○ 위원장에 유

지수 장로 선출

1987. 1. 1.–1. 3.   제11회 성청주일 기념전국대회 및 26차 정기총회 ○ 장소 : 동대전교회(홍종현 목사) ○ 회장 : 장순웅(서울강남, 충무)

1987. 6. 5–6. 6.   제4회 성청지도자연수회 ○장소: C.C.C훈련원○ 주제: 내뜻을다 이루게하리라 ○ 참가인원 : 21개 지련 85명

1987. 8.12–8.15.   교단창립 80주년기념 세계선교대회 및 제20회 성청전국대회 ○ 장소 : 서울신학대학교 ○ 주제 : 주여, 나를 보내소서

1987.12.31.–1988. 1.2.   제12회 성청신년금식대성회 ○ 장소 : 서울신학대학교

1988. 2.28–3. 1.   제27차 정기총회 ○ 장소 : 성결회관 ○ 회장 : 변기수(부산, 부산)

1988. 4.25–4.29.   세계기독교 한반도평화협의회에 '신현욱 부회장' 한국기독청년 대표로 파견

1988. 6. 5–6. 6.   제5회 성청지도자연수회 ○ 장소 : 백운교회(신형철 목사)

1988.10.15.   통일신학과 통일선교자료집1발행

1988.11.12.   통일교확산저지성결인대회 ○장소: 성결회관 ○ 참가인원: 150여명

1988.11.15.	서울신학대학교에 폭력경찰 난입. 난동과 교수, 학생을 폭행한 정권에 대한 성명서발표
1989. 1. 1–1. 3.	제13회 성청신년금식대성회
1989. 1. 9–1.11	전국기독교사회운동협의회 준비위원 및 전국민족,민주운동연합회 참가(심우기 사회문화분과 위원장)
1989. 1.19–1.20	에큐메니칼운동과 해외기독교청년운동 세미나 참석 (형지인 간사)
1989. 1.31.	문선명 집단 척결을 위한 기독청년공동투쟁선언문 발표
1989. 2.28–3. 1.	제28차 정기총회, ㅇ 성청선언문 발표 ㅇ 회장 : 신현욱(인천동, 성암)
1989. 6. 5–6. 6.	제6회 성청지도자연수회 ㅇ 장소 : 경주 계림유스호스텔, ㅇ 강사 : 이신건 교수
1989. 7. 31.	성청자료집1 "나라이 임하옵소서!" 발행(이신건 지음)
1989. 8. 7–8.10.	성청 창립 40주년 기념. 제21차 전국대회 및 교육대회 ㅇ 장소 : 메포수양관
1990. 1. 1–1. 3.	제14회 성청신년금식대성회 ㅇ 장소 : 용인 태화산기도원 ㅇ '성청의 노래'발표
1990. 2.28–3. 1.	제29차 정기총회 및 정책협의회 ㅇ 회장 : 김팔옥

(전주, 전주)

1990. 6. 5–6. 6.	제7회 지도자 연수회 ○ 장소 : C.C.C훈련원
1991. 1. 1–1. 3.	제15회 신년금식대성회 ○ 장소 : 충주 제일 기도원
1991. 2. 28.	제30차 정기총회 ○ 장소 : 대구 봉산교회 ○ 회장 : 신현욱(인천남, 성암)
1992. 1. 1–1. 2.	제16회 신년금식성회 −지역별 개최(인천, 강원, 충청, 호남)
1992. 2. 28.	제31차 정기총회 ○ 회장 : 김경일 (인천동, 한샘)
1993. 1. 1–1. 2.	제17차 신년금식성회 ○ 6개 지역 분산 개최(서울 경기, 인천, 강원, 충청, 호남, 영남)
1993. 2. 28.	제32차 정기총회 및 정책협의회 ○ 장소 : 부천한샘교회 ○ 회장 : 송의천(충북,서원)
1993. 8. 2–8. 5.	제23차 전국대회 ○ 장소 : 포항교회
1993. 10. 9.	제8회 복음성가 경창대회 ○ 장소 : 청주서문교회
1994. 1. 1.	제18회 신년금식성회 ○ 5개 지역 분산 개최(서울 경기, 인천, 강원, 충청, 호남, 영남)
1994. 2. 28–3. 1.	제33차 정기총회 및 정책협의회 ○ 장소 : 천안성결교회 ○ 회장 : 이 철(광주,광주제일)
1994. 8. 4–6.	94국토사랑 자연사랑 성청인 등반대회 ○ 장소 : 지리산 일대(백무동, 중산리)
1994. 10. 3.	제9차 복음성가경창대회 ○ 장소 : 독립문교회

1995. 2. 17.	성청발전을 위한 좌담회 O 주최 : 한국성결신문 O 장소 : 대호(서울 소재) O 참석자 : 임종수 목사, 문교수 목사, 남철은 평신도국장, 이철 회장, 김명희, 장서형
1995. 2. 28-3. 1.	제34차 정기총회 및 정책협의회 O 장소 : 광주제일교회 O 회장 : 이철(광주, 광주제일)
1995. 8. 3-8. 5.	95전국기독청년 회년대회 O 장소 : 숭실대학교
1995.12.31-1996. 1. 2.	제20차 성청신년금식대성회 O 장소 : 충주제일기도원
1996. 2. 29-3. 1	제35차 정기총회 O 장소 : 논산제일교회 O 회장 : 지재황(충남, 초촌중앙)
1997. 1. 1-1. 2	제21차 성청신년금식대성회 (예성 성청과 연대행사) O 장소 : 옥천기도원 O 표어 : 우리 둘이 한 성령 안에서 O 참석 인원 : 800여 명
1997. 5. 4-5. 5	제36차 정기총회 O 장소 : 성결회관 O 회장:서정희(전남동, 목포상락)
1997. 5. 29.	아태연맹총회 참석(회장 서정희) O 장소 : 뉴월드호텔
1997. 8. 14-8. 16.	제26차 전국대회 및 제14차 임역원연수회 청주신흥교회
1997. 10. 10-	아태연맹 평신도대회 및 총회 참석 (회장 서정희)

10.13.	○ 장소 : 일본 지바현
1998. 1. 1–1. 2	제22차 신년금식대성회 (예성청과 연합성회[2회])
	○ 장소 : 유성 계룡대 본부교회 ○ 참석인원 :
	2,150명
1998. 3.25.	교단 성결인대회(구국금식대성회) 참여(교통담당)
1998. 4.10.	교단총회에 북한동포돕기기금 5,698,752원 전달
1998. 5. 4–5.	제37차 정기총회 및 정책협의회 ○ 장소 : 성결회
	관 ○ 회장 : 최훈창(전주, 동전주)
1999. 1. 1–2.	제23차 성청신년금식대성회 ○ 장소 : 계룡대 육
	해공군본부교회
1999. 8. 2–5.	제27차 전국대회 및 성청캠프(성청50주년 기념)
	○ 장소 : 마니산수련원(충북 영동) ○ 참석인원 :
	345명
1999. 8. 5.	제38차 정기총회 및 정책협의회 ○ 장소 : 마니산
	청소년수련원(충북 영동) ○ 회장 : 고재경(서울강
	서, 영광)
2000. 1. 1.	성청 제24차 새천년맞이 어린이 새생명돕기 신년
	금식대성회 ○ 장소 : 5개 지역별 분산 개최 ○ 새
	생명어린이 : 김지수, 김현경, 박혜진
2000. 3. 1.	성청주일 51주년 기념예배 및 제1회 성청포럼(성
	청정책 및 북한선교통일부분)

2000. 8. 7-12	성청 제1차 중국,북한정경지역 단기선교훈련 ○ 장소 : 백두산, 압록강, 두만강, 용정, 장춘, 북경 ○ 목적 : 교단선교지 탐방 및 탈북자선교, 통일선교비젼공유 ○ 참여인원 : 약수동,백운교회 외 37명
2001. 1. 1-2.	성청 제25차 비상구국, 새생명살리기 신년금식대성회 ○ 새생명살리기 : 김지수 어린이, 정이나 자매
2001. 2.27-3. 1	성청주일 52주년 기념예배 및 제17회 지도자연수회(제주선교대회) ○ 장소 : 제주제일교회, 이기풍선교기념관
2001. 7. 9-14.	성청 제3차 중국, 북한정경지역 단기선교훈련 ○ 장소 : 백두산, 압록강, 두만강, 용정, 장춘, 북경 ○ 목적 : 교단선교지 탐방 및 탈북자선교, 북경탐방
2001. 8.11.	제40차 정기총회 및 정책협의회
2002. 1. 1-2.	제26차 성청신년금식대성회 ○ 장소 : 대전백운교회
2002. 4. 4-4. 5.	제18회 지도자연수회 및 교단 순교지 순례 ○ 장소 : 중앙교회, 통일전망대, 임진각, 병촌, 두암, 지도제일교회 ○ 강사 : 김기택 목사, 오주형 목

	사, 우태복 선교사
2002. 5. 4.	제41차 정기총회 및 정책협의회
2002. 5.18.	성청 세계선교대회 O 장소 : 서울신학대학교 성결인의 집 O 강사 : 여성삼 목사
2003. 1. 1-2.	제27차 성청신년금식대성회 O 장소 : 대전 백운교회(류정호 목사) O 참가 인원 : 1,200여 명
2003. 3. 1.	제14회 성청 전국복음성가 경연대회 O 장소 : 평택성결교회 본당
2003. 5. 5.	제42차 정기총회 및 정책협의회 O 장소 : 총회본부 O 회장 : 신상우(연임)
2003.10. 2.-3.	제20차 성청리더십컨퍼런스 O 장소 : 실촌수양관(경기도 이천) O 강사 : 고직한 선교사, 손종원 목사, 성인경 목사, 홍인경 목사
2004. 1. 1-2.	제28차 성청신년금식대성회 O 참가인원 : 1,500명
2004.12.13.	제1회 청년사역자컨퍼런스 O 장소 : 총회본부 예배실 O 주제 : 교단100주년(비전 2007)과 청년목회
2004. 5. 5.	제43차 정기총회 및 정책협의회 O 총회본부 O 회장 : 임태석
2004. 6. 26.	제2차 성청포럼(서울), 3차 성청포럼(인천), 4차 성청포럼(부산)

2004.10.13–16.	필리핀 평신도부 구성(청년회 결성, 필리핀 대표 3인 초청)
2005. 1. 1.	제29차 성청신년금식대성회 ○ 장소 : 서울중앙교회, 대전삼성교회
2005. 5. 5.	제44차 정기총회 및 정책협의회 ○ 장소 : 총회본부 ○ 회장 : 남호진
2005.10.	제6회 세계성결연맹 신도대회 ○ 장소 : 다이이치 호텔(일본 동경)
2006. 1.12–14.	제1회 Holy Korea (제30회 성청금식성회) ○ 장소 : 성락교회 분당수양관 ○ 강사 : 장경철 목사, 김인호 목사, 임석웅 목사, 박희광 목사, 김요한 선교사, 박재형 선교사
2006. 4.	Holy Korea 서울지역찬양집회 ○ 장소 : 성락교회 ○ 강사 : 지형은 목사 ○ 예배인도 : 박희광 목사
2006. 5. 5–6.	제45차 정기총회 및 정책협의회 ○ 장소 : 무주리조트 ○ 회장 : 홍진우
2006. 8.21–24.	제1회 세계성결연맹 청년대회 ○ 장소 : 대만 ○ 참석인원 : 한국 23명, 대만 78명, 일본(일본 10명, 미주일본5명), 인도 2명)
2006.10.10–11.	제45회기 제1차 리더십컨퍼런스 ○ 장소 : 대전

	성락원 ○ 강사 : 유병국 선교사, 조영한 목사, 박
2007. 1. 1-2.	욱병 목사
	제31차 100주년기념 성청신년금식대성회 ○ 장
	소 : 실촌수양관 ○ 강사 : 김용의 선교사, 여성삼
2007. 5. 11-12.	목사, 박명수 목사 ○ 예배인도 : 박희광 목사
	제46차 정기총회 ○ 장소 : 헬몬수양관 ○ 회장 :
2007. 10. 3.	홍진우
	제1차 성청대회 ○ 장소 : 상도교회 ○ 강사 : 김
2008. 1. 1-2.	준곤, 장경철, 조영진 목사 ○ 상도교회 예배팀
	제32회 성청신년금식성회 ○ 장소 : 양평유스호
	스텔 ○ 강사 : 한철호 선교사, 조영진 목사, 이덕
	진 장로 ○ 예배인도 : 박희광 목사 ○ 미니컨서
	트(좋은이웃, 최인혁, 조수아, 유은성, 안성진, 주
2008. 5. 12.	리, 강국두)
	제47차 정기총회 ○ 장소 : 총회본부 ○ 회장 : 이
2008. 8. 11-15.	종일
	제2회 세계성결연맹 청년대회 ○ 장소 : 필리핀
2009. 1. 1-2.	마닐라, 딸락
	제33회 성청신년금식성회 ○ 장소 : 실촌수양관
	○ 강사 : 전병일 목사, 김동호 목사, 임석웅 목사,
2009. 3. 7.	션(가수) ○ 예배인도 : 박희광 목사)

2009. 8.	제48차 정기총회 ○ 장소 : 총회본부 ○ 회장 : 이종일
2010. 1. 1~2.	제1회 성청지련공모사업 ○ 지원 : 경남서, 충북, 충서, 경북서지방
2010. 4. 24.	제34회 성청금식성회 ○ 장소 : 헬몬수양관 ○ 강사 : 권석원 목사, 이용주 선교사, 한기채 목사, 김태희(CCM가수) ○ 예배인도 : 박희광 목사
2010. 8. 13~19.	제49차 정기총회 ○ 장소 : 총회본부 ○ 회장 : 이종일
2010. 9. 4.	제3회 세계성결연맹 청년대회 ○ 장소 : 일본 동경 성서학원, 요요기올림픽센터 ○ 강사 : 나카니시 히로, 박창수 목사
2011. 1. 1.	제2회 성청지련공모사업 ○ 지원 : 서울중앙지방
2011. 4. 9.	제35회 성청신년금식성회 ○ 서대전교회 ○ 강사 : 주남석 목사, 유병국 선교사, 남궁태준 목사 ○ 예배인도 : 양재훈 형제
2011. 8. 27.	제50차 정기총회 ○ 장소 : 총회본부
2012. 1. 8~9.	성청찬양기쁨축제 ○ 장소 : 청주서문교회 ○ 설교 : 교단총무 우순태 목사 ○ 컨서트 : 코어미션, 알리, 유은성 ○ 간증 : 션(노승환)
	제36회 성청신년금식성회 ○ 실촌수양관 ○ 강

	사 : 주남석 목사, 우순태 목사, 박희광 목사, 김길
	목사 ○ 컨스트 : 유은성, 주리 ○ 예배인도 : 천
2012. 4.28.	호동교회 청년회 찬양팀
2012. 9. 8.	제51차 정기총회 ○ 장소 : 총회본부
	전국 청년회 이단세미나 ○ 장소 : 대구봉산교회
2013. 1. 1.	○ 강사 : 탁지원 소장
	제37회 성청신년금식성회 ○ 장소 : 대전교회 ○
	강사 : 허성도 목사, 박용규 목사, 이기용 목사 ○
2013. 4.27.	예배인도 : 서산교회 찬양팀
2013. 8.14-16.	제52차 정기총회
	제4회 세계성결연맹 청년대회 ○ 장소 : 대만 ○
2014. 1. 1-3.	강사 : 정진오 목사
	제38회 성청신년성회 ○ 장소 : 서산교회 ○ 강사
	: 우순태 목사, 이준성 목사, 임석웅 목사, 이기용
	목사, 이춘오 목사, 신용수 목사, 김형배 목사, 신
	윤진 목사, 이정환 목사, 김진오 목사, 유윤종 목
	사, 양정식 교수, 이은미 목사, 김재형 목사, 권효
2014. 4.12.	주 선교사 ○ 예배인도 : 서산교회 찬양팀
2015. 1. 1-3.	제53차 정기총회
	제1회 예기성청년연합수련회 ○ 주제 : "복음의
	능력으로" ○ 강사 : 이신웅 목사, 이종복 목사, 한

	태수 목사, 임석웅 목사, 이기용 목사, 김형배 목사, 이춘오 목사, 이정환 목사, 김진오 목사, 신윤진 목사, 이규 목사, 구성모 목사, 양정식 목사, 정병훈 목사, 김남이 목사, 강욱준 목사, 강병민 목
2015. 4.11.	사, 최영신 목사, 김지윤 실장
2015. 6.27.	제54차 정기총회 O 장소 : 총회본부
2016. 1. 1-2.	2015 전국리더대회 O 장소 : 서대전교회 O 참석대상 : 지련 임원
2016. 4. 2.	제40회 성청신년성회 O 주제 : "새영! 새마음!" O 장소 : 동대전교회 O 강사 : 하도균 목사, 한태수 목사, 오도균 목사, 구자억 목사 O 찬양인도 : 마이너컴퍼니, 유은성 전도사, 부흥한국싱어즈
2016. 7. 2.	제55차 정기총회 O 장소 : 총회본부
2016. 8. 9-12	제2회 리더십트레이닝(구 리더대회) O 장소 : 영등포교회 O 강사 : 안성우 목사
2017. 1. 2-4	제5회 세계성결연맹 청년대회 O 장소 : 일본 도쿄 요요기 올림픽센터
2017. 4. 1.	제41회 성청신년성회 O 주제 : "REBORN" O 장소 : 실촌수양관 O 강사 : 하도균 목사, 김정석 목사, 표인봉 집사, 이화섭 소장 O 찬양팀 : 서울신학대학원 연합찬양팀

2017. 10. 9.	제56차 정기총회 ○ 장소 : 서대전교회
	종교개혁500주년기념 세미나 ○ 주제 : "종교개
	혁과 청년의 미래" ○ 장소 : 총회본부 예배실 ○
2018. 1. 5~6.	강사 : 정병식 박사, 김동구 박사
	제1회 성청 신년리더십성회(제42회 성청신년성
	회) ○ 주제 : "성청의 밤 _ 같이의 가치" ○ 장소 :
	헬몬수양관 ○ 강사 : 강은도 목사, 김정진 목사,
2018. 1. 26~27.	방춘석 목사 ○ 찬양팀 : 뉴젠플로우
2018. 4. 14.	전국성청 임원 L.T. ○ 장소 : 가평
	제57차 정기총회 ○ 장소 : 총회본부 예배실 ○
	회장 : 이우주, 부회장(3명) : 박희진, 유길현, 김효
2019. 1. 4~5.	정, 총무 : 심규동, 서기 : 김중호)
	제43차 신년금식성회 ○ 논산 수넴기도원 ○ 강
2019. 4. 13.	사 : 박영환 교수
	성청70주년 기념대회 및 제58차 정기총회 ○ 신
	길교회 ○ 강사 : 윤성원 목사, 이기용 목사 ○ 콘
	서트 : 어노인팅, 헤리티지&매스콰이어, 마커스
2019. 11. 18~20.	워십
	세계성결연맹 신도대회 ○ 장소 : 영종도 스카이
2020. 1. 1~3.	리조트(청년분과 참석)
	제44차 신년부흥성회 ○ 장소 : 신길교회 ○ 강

	사 : 이기용 목사(신길교회), 김진오 목사(한빛교회), 장경철 교수(서울여자대학교 기독교학과), 배가현 청년(유튜버 Kei is loved), 문순희 박사, 조세화 강사, 박길영 전도사, 김강림 전도사
2020. 5. 16.	
2021. 4. 24.	제59차 정기총회 O 장소 : 한빛교회
2021.	제60차 정기총회 O 장소 : 영동중앙교회
8. 15~12. 17	제1회 성결한 그리스도인을 위한 비대면 콘텐츠
2022. 4. 23.	공모전(홀리비·콘) O 총회청소년부 공동주최
2023. 2. 20~22	제61차 정기총회 O 장소 : 영동중앙교회
	2023 청년 순교영성 비전트립 dieT O 장소 : 문준경전도사순교기념관 O 총회청소년부, 일산중가교회 공동주최
2023. 5. 6	제62차 정기총회 O 장소 : 총회본부
2023. 5. 9~12	제22회 세계성결연맹 총회 및 신도대회 O 장소 : 켄싱턴호텔 설악(청년분과 참석)

남전도회전국연합회 연혁

1961. 10.   남전도회 태동 / 주후 1961년 10월 동양선교회 평
신도 선교사로 미국인 리차드 케이픈씨가 내한하
여 당시 장충단교회 김원철씨와 뜻을 같이하고 그
리스도의 복음을 위하여 평신도 운동을 주도하므
로 장충단교회를 시초로 개교회 남전도회가 조직
되었으며 평신도 활성화와 연합운동을 시도하여
1962년 11월 최초의 연합기구로 서울지구 남전도
회가 조직되다. 1. 순회전도 2. 평신도활동 계몽 3.
지구남전도회 조직

1965. 7. 22.   전국남전도회 중앙위원회 발기(윤판석 조인정 박
후진 김원철 이우길 안경득 남영호 도영춘 이성원
김재환 김종호 최성금 김석환 이위영) / 1. 회칙
및 강령제정 공포 2. 남전도회 회보 창간 3. 부흥
회 개최 4. 지방순회 계몽지도 5. 국제남전도회 위
원 초청 교류 6. 전도지 배포

1965. 7. 23.   전국남전도회 중앙위원회 창립 / 주후 1965년 7월
23일 서울 목양관에서 중앙위원회 창립 총회가 개
최되어 지구단위에서 전국 중앙체제를 이루어 3

개월 대표지도위원제도로 운영되다. / 중앙7인 지도위원

〈서울〉김원철 박후진 임호년 고경환 〈지방〉 남영호 김재환 김종호 제1차 : 김원철(65. 8) 제2차 : 남영호(65.11) 제3차 : 김재환(66. 2) 제4차 : 임호년(66. 5) 제5차 : 고경환(66. 8) 제6차 : 김종호(66. 8) 제7차 : 박후진(67. 2) 상임고문 : 윤판석 조인정 총무 : 김선환 생활지도국장 : 박희순 재정국장 : 김일홍

1. 회칙 및 강령제정 공포 2. 남전도회 회보 창간 3. 부흥회 개최 4. 지방순회 계몽지도 5. 국제남전도회 위원 초청 교류 6. 전도지 배포

1967. 6.6.　전국남전도회 중앙위원회 제2회 총회 / 주후 1967년 6월 6일 서울 종로교회당에서 전국남전도회 중앙위원회 제2회 정기총회가 개최되다. 주후 1967년 10월 일본 동경에서 모이는 국제남전도회 참가(추진위원 : 윤판석, 박후진) 준비가 결렬되는 사건으로 시련을 겪게 되어 중앙지도위원회가 사실상 중단사태에 이르다. 총무 김선환씨가 사임하고(1968년 2월) 후임 민의식 총무와 당시 중앙위원 박희순 양인이 시련을 극복하면서 중앙중심(중

앙위원회) 제도를 지회, 지방연합회 전국연합회로 개편하고 교단 공인기구로 전환하기 위하여 남전도회 강령을 수정 채택하고 새로운 회칙을 제정하여 수습과 함께 전국연합회로 개편 총회를 가지므로 교단 24회 총회(1969. 4. 23)에서 승인되다. / 중앙7인 지도위원 김일홍 임호년 고경환 박희순 임경삼 최성근 김득현 대표지도위원 제1차 : 임호년(67. 6) 제2차 : 임경삼(67. 9) 제3차 : 임경삼(67.12) 제4차 : 김일홍(68. 3) 고문 : 윤판석 조인정 총무 : 김선환 생활지도국장 : 박희순 재 정 국 장 : 김일홍 신임총무 : 민의식 / 1. 회보발간 2. 방송전도 3. 미자립교회 부흥회 4. 산업전도(철도공작창) 5. 전도지배포 1. 전국 순회활동 2. 신회칙 초안 3. 강령 기초 4. 개편 총회준비

1969. 4. 21. 남전도회전국연합회(교단 제24회 총회승인) 정기총회 신촌교회 회장 원성범 부회장 김일홍 박희순 총무 민의식 서기 이근택 부서기 이익범 회계 이휘상 부회계 이봉주 / 주요사업 1. 교단 24회 총회서 기관 승인 2. 미자립교회 순회전도집회 실시 3. 지방전도대회 실시(3개 지역) 4. 연합부흥전도대회 개최 5. 20사단 일선장병 위문 6. 미조직교회

조직 독려 7. 회보 발간

1970. 4.27. 신촌교회 회장 김일홍 부회장 박희순 김득현 총무 민의식 서기 전준식 회계 김학준 / 주요사업 1. 미 자립교회 순회전도집회 실시 2. 미자립교회 보조 3. 연합전도부흥회 개최 4. 순회간증전도 실시(임 원) 5. 국제남전도회위원 내한 교류 6. 회보 발간

1971. 5.3. 장충단 교회 회장 김원철 부회장 박희순 김학준 총무 민의식 서기 전준식 회계 홍기득 / 주요사업 1. 미자립교회 순회전도집회 실시 2. 미자립교회 보조 3. 연합전도 부흥회 개최 4. 지방순회 전도집 회 실시 5. 순회 간증전도(임원) 6. 국제남전도회 위원 대표자 파송 7. 회보 발간

1972. 4.25. 아현교회 회장 박희순 부회장 김학준 임경삼 총무 민의식 서기 전준식 회계 신준식 / 주요사업 1. 미 자립교회 순회전도집회 실시 2. 교회개척(수색중 앙교회) 3. 제1회 전국농어촌 교역자 초청 수양회 4. 미자립교회 순회 5. 전국 각지방 순회 6. 문서전 도(요청교회 전도지 보급) 7. 회보 발간

1973. 4.30. 아현교회 회장 박희순 부회장 김학준 임경삼 총무 민의식 서기 전준식 회계 신준식 / 주요사업 1. 미 자립교회 순회전도집회 실시 2. 순회예배 3. 각지

	방 및 지회 순회 4. 남전도회 지회 회칙 인쇄 배부 5. 미자립교회 선교비 보조 활동 6. 제2회 전국 농어촌교역자 초청 수양회 7. 회보 발간
1974. 4. 25.	기독교 수양관. 회장 김학준 부회장 임경삼 이근택 민의식 조준구 신준식 / 주요사업 농어촌교회 전도집회 강사파송 2. 순회 신앙간증 집회(임원) 3. 교단 전도의 날 행사지원 4. 국제전도대회 참가 5. 전도지 보급 6. 회보 발간
1975. 5. 12.	송현교회 회장 김학준 부회장 신준식 조준구 총무 민의식 서기 서병하 회계 신명범 / 주요사업 1. 순회 전도집회(영화상영) 2. 순회 신앙간증 집회 3. 교단 전도의 날 행사 지회 실시 4. 제3회 전국 농어촌교역자 초청 수양회 5. 각 지방연합회 사업강화
1976. 4. 29.	피정의 집(성미가엘신학원) 회장 이창수 부회장 김일환 신명범 총무 서병하 서기 장남식 회계 최일부 / 주요사업 1. 제4회 전국 농어촌교역자 초청 수양회 2. 지련순회 지도육성 3. 남전도회 국제위원 내한 환영 간담회 4. 회보 발간 5. 순회 전도집회 6. 전도의 날 행사 실시
1977. 5. 10.	신촌교회 회장 홍기득 부회장 신명범 서병하 총무 정인석 서기 장남식 부서기 이상규 회계 최일부

	부회계 이규종 / 주요사업 1. 농어촌 미자립교회 순회전도집회 2. 제1회 평신도 지역대회 3. 지련행사 후원 4. 중앙전도위원 전국 시행 5. 지련순회 육성 및 전도위원 순방 6. 회보발간 7. 지련순회예배
1978. 5. 11.	전주교회 회장 홍기득 부회장 신명범 서병하 총무 정인석 서기 모귀기 부서기 노태환 회계 정기석 부회계 이병태 / 주요사업 1. 농어촌 미자립교회 순회전도집회 2. 평신도 지역훈련대회 3. 남전도회 국제위원 내한 환영 세미나 4. 지련 및 전도위원, 순회 육성 5. 순회예배 6. 지련행사 지원 7. 회보발간
1979. 5. 14.	대전중앙교회 회장 신준식 부회장 최일부 정기석 모귀기 총무 정인석 서기 백승기 부서기 황인탁 회계 노태환 부회계 최성근 / 주요사업 1. 제5회 전국농어촌교역자 초청 수양회 2. 지역 평신도지도자 세미나 3. 지련 순회예배 4. 남녀전도회 서울 지련회장단 연석 간담세미나 5. 지련행사 지원 6. 회보발간 7. 지련 및 전도위원 순회육성
1980. 5. 12.	성결회관 회장 신명범 부회장 백승기 노태환 총무 정인석 서기 부서기 김수원 회계 이상규 부회계 이광원/ 주요사업 1. 지역 평신도 세미나 개최 2.

지련 순회예배 3. 평신도단체협의회 공동창립 4.
리차드 케이픈(남전도회 창설자) 내한 순회집회
5. 지련 및 전도위원 순화육성 6. 회칙개정위원회
구성, 회칙 개정 연구

1981. 5. 11. 신촌교회 회장 정기석 부회장 최일부 노태환 총무
정인석 서기 이기창 부서기 최병춘 회계 전우상
부회계 이창영 / 주요사업 1. 지역 평신도지도자
세미나 2. 지련 평신도 수련회 개최 3. 지련 순회
예배 4. 회칙개정 및 회칙책자 발간 보급 5. 회보
발간 6. 평신도단체협의회 가담 7. 미자립교회 보
조지원(12개 교회) 8. 기관선교 지원 9. 지련회장
연석간담회

1982. 5. 10. 남대전교회 회장 서병하 부회장 이상규 최명철 총
무 정인석 서기 이기창 부서기 최병춘 회계 김재
철 부회계 이창영 감사 안형범 윤태의 / 주요사업
1. 지역협의회 기구 기초 2. 지역 평신도 세미나 3.
지역연석간담회 및 지련 순회예배 4. 미자립교회
보조 지원 활동 5. 지련 및 전도위원 순회 육성 6.
회보발간 7. 연합사업 가담 8. 5개년 사업 계획안
수립 9. 회칙 보급 10. 고 김원철 장로 공적비 제막

1983. 5. 9. 성결회관 회장 이상규 부회장 최명철 이창희 총무

정인석 서기 최병춘 부서기 박종권 회계 윤태의 부회계 정권 감사 이창영 이종옥 / 주요사업 1. 지역협의회 조직운영 2. 지역 지도자 세미나 3. 직업훈련원 선교 시도 4. 순회 예배 5. 지련사업 지원 6. 지역협의회 연석간담회 세미나 7. 회보발간(책자) 8. 지련 및 전도위원 순회육성 9. 장학기금 사업(달력 발간) 10. 대의원 및 지련회장 간담세미나

1984. 4. 23. 중앙교회 회장 최명철 부회장 유재수 최병춘 총무 정인석 서기 이종옥 부서기 조병하 회계 정권 부회계 김남석 감사 이창영 김수원 / 주요사업 1. 전국지도자 세미나 2. 지역지도자 세미나 지원 3. 지련세미나 지원 4. 아세아연맹 평신도대회 5. 장학기금 달력 발행사업 6. 미자립교회 달력지원 7. 정수직업훈련원 선교 8. 전국순화육성 9. 연석 친목 간담회 세미나(2회) 10. 회보영인본 발간(65~84년)

1985. 4. 19. 성설회관 회장 모귀기 부회장 유재수 윤태의 총무 정인석 서기 정권 부서기 이연형 회계 조병하 부회계 김수원 감사 이창영 이익범 / 주요사업 1. 정수 직업훈련원 선교 2. 전국지도자 세미나 3. 지역 세미나 지원 3. 장학기금 사업(달력 발간) 4. 대만 신학견습생 방문단 간담회 5. 아프리카 케냐 구호

선교비 후원 6. 지협 및 지련행사 후원 7. 회보영
인본 발간 보급

1986. 4. 18.   성결회관 회장 모귀기 부회장 유재수 윤태의 총무
정인석 서기 정권 부서기 이연형 회계 조병하 부
회계 김수원 감사 이창영 이익범 / 주요사업 1. 정
수 직업훈련원 선교 2. 전국지도자 세미나 3. 평신
도지도자 세미나 4. 장학기금 사업(달력 발간) 5.
지협 및 지련행사 후원 6. 회보 발간 7. 대외연합
사업

1987. 4. 16.   성결회관 회장 유재수 부회장 윤태의 정권 이종옥
총무 조병하 서기 김수원 부서기 홍재흠 회계 박
창석 부회계 이원종 감사 이창영 이규삼 / 주요사
업 1. 정수 직업훈련원 선교 2. 미자립교회 선교
지원 3. 교회개척지원(부산 양산교회) 4. 전국지도
자 세미나 5. 장학기금 사업(달력 발간) 6. 지협 및
지련행사 후원 7. 회보 발간 8. 기관연합선교 9. 대
외연합사업

1988. 4. 14.   성결회관 회장 윤태의 부회장 정권 이종옥 김상원
총무 조병하 서기 김수원 부서기 김영호 회계 박
창석 부회계 김경래 감사 김재철 이연형 / 주요사
업 1. 정수 직업훈련원 선교 2. 전국지도자 세미나

3. 장학기금 사업(달력 발간) 4. 지협 및 지련행사
후원 5. 회보 발간 6. 기관연합선교 7. 대외연합사
업 8. 한국성결신문 발간 논의 9. KNCC 통일선언
에 대한 반박성명

1989. 4. 13.   성결회관 회장 정권 부회장 이종옥 김상원 이창영
총무 조병하 서기 이규삼 부서기 박정호 회계 김
경래 부회계 김부용 / 주요사업 1. 정수 직업훈련
원 선교 2. 미자립교회 지원 3. 기관연합선교 4. 대
외연합사업 5. 전국지도자 세미나 6. 중앙위원 간
담회 7. 전도위원 간담회 및 세미나 8. 지협 및 지
련행사 후원 9. 한국성결신문 발간 협의 및 결의

1990. 4. 12.   성결회관 회장 이종옥 부회장 김상원 이창영 조병
하 총무 홍진유 서기 민영룡 부서기 최종문 회계
박영남 부회계 김충룡 / 주요사업 1. 정수 직업훈
련원 선교 2. 미자립교회 지원 3. 기관연합선교 4.
대외연합사업 5. 선교지 순방(태국, 필리핀) 6. 전
국지도자 세미나 7. 중앙위원 간담회 8. 전도위원
간담회 및 세미나 9. 지협 및 지련행사 후원 10. 한
국성결신문 창간호 발행

1991. 4. 11.   중앙교회 회장 김상원 부회장 이창영 조병하 정순
찬 총무 홍진유 서기 민영룡 부서기 손태우 회계

박영남 부회계 이보구 감사 이연형 김창영 / 주요
사업 1. 정수 직업훈련원 선교 2. 미자립교회 지원
3. 기관연합선교 4. 대외연합사업 5. 전국지도자
세미나 6. 중앙위원 간담회 7. 전도위원 간담회 및
모범운영사례발표회 8. 장학금 지원 9. 출판사업
10. 지협 및 지련행사 후원

1992. 4. 16.　　　성결회관 회장 이창영 부회장 조병하 정순찬 최영
화 총무 박영남 서기 민영룡 부서기 손태우 회계
한상표 부회계 이보구 감사 홍진유 이연형 / 주요
사업 1. 정수 직업훈련원 선교 2. 미자립교회 지원
3. 해외선교 4. 기관연합선교 5. 대외연합사업 6.
전국지도자 세미나 7. 실행위원회 간담회 8. 전도
위원 간담회 및 모범운영사례발표회 9. 장학금 지
원 10. 출판사업 11. 지협 및 지련행사 후원

1993. 4. 15.　　　성결회관 회장 조병하 부회장 정순찬 최영화 민영
룡 총무 박영남 서기 박우철 부서기 우정주 회계
정명득 부회계 김화남 감사 홍진유 도병간 / 주요
사업 1. 정수 직업훈련원 선교 2. 미자립교회 지원
3. 해외선교 4. 기관연합선교 5. 지협 및 지련행사
후원 6. 대외연합사업 7. 전국지도자 세미나 8. 실
행위원회 간담회 9. 전도위원 간담회 및 모범운영

사례발표회

1994. 4. 7.   성결회관 회장 최영화 부회장 민영룡 홍진유 박해원 총무 박영남 서기 김원태 부서기 우정주 회계 정명득 부회계 문경래 감사 최종문 박우철 / 주요 사업 1. 정수 직업훈련원 선교 2. 미자립교회 지원 3. 해외선교 4. 기관연합선교 5. 지협 및 지련행사 후원 6. 전국지도자 세미나 7. 실행위원 및 전도위원 연석 간담회 8. 전도위원 간담회 및 모범운영 사례발표회 9. 출판사업 10. 장학금 지원

1995. 4. 13.   충무교회 회장 민영룡 부회장 홍진유 박해원 박영남 총무 김충룡 서기 김원태 부서기 우정주 회계 문경래 부회계 박준섭 감사 최종문 박우철 / 주요 사업 . 1. 정수 직업훈련원 선교 2. 미자립교회 지원 3. 해외선교 4. 지련행사 후원 5.기관연합선교 6. 대외연합사업 7. 전국지도자 세미나 8. 실행위원 및 전도위원 연석간담회 9. 전도위원 간담회 및 모범운영사례발표회 10. 출판사업 11. 장학금 지원

1996. 5. 10.   서문교회 회장 홍진유 부회장 박해원 박영남 김원태 총무 김충룡 서기 우정주 부서기 박진수 회계 문경래 부회계 박준섭 감사 최종문 박우철 / 주요

사업 1. 정수 직업훈련원 선교 2. 미자립교회 지원
3. 해외선교 4. 전국세미나(2차) 5. 실행위원 및 전
도위원 간담회 6. 모범운영사례발표회 및 연석간
담회 7. 지협 및 지련행사 후원 8. 대외연합사업 9.
출판사업 10. 장학금 지원 11. 카렌다 사업

1997. 5. 22.   유성교회 회장 박해원 부회장 박영남 김원태 최종
문 총무 문경래 서기 우정주 부서기 최정규 회계
박진수 부회계 박준섭 감사 김충룡 한상표 / 주요
사업 1. 정수기능대학 보조 2. 미자립교회 지원 3.
해외선교 4. 기관연합선교 5. 전국세미나(2차) 6.
실행위원 및 전도위원 세미나 및 연석간담회 7. 전
국 각지역 및 지련회장 초청간담회 8. 모범운영사
례발표회 및 세미나, 연석간담회 9. 지협 및 지련
행사 후원 10. 대외연합사업 11. 출판사업 12. 장학
금 지원 13. 카렌다 사업

1998. 4. 14.   독립문교회 회장 박영남 부회장 김원태 최종문 김
충룡 총무 이연형 서기 박진수 부서기 최정규 회
계 이경우 부회계 박준섭 감사 한상표 문경래 / 주
요사업 1. 미자립교회 지원 2. 정수기능대학 보조
3. 해외선교 4. 기관연합선교 5. 전국세미나 6. 실
행위원 및 전도위원 세미나 및 연석간담회 7. 전

국 각지역 및 지련회장 초청간담회 8. 모범운영사례발표회 및 세미나, 연석간담회 9. 지협 및 지련 행사 후원 10. 대외연합사업 11. 출판사업 12. 장학금 지원 13. 카렌다 사업

1999. 4. 15.　　태평교회 회장 김원태 부회장 최종문 김충룡 문경래 총무 이경우 서기 박준섭 부서기 박동국 회계 최정규 부회계 박영만 감사 한상표 이연형 / 주요 사업 1. 미자립교회 지원 2. 정수기능대학 보조 3. 해외선교 4. 기관연합선교 5. 전국세미나 6. 전련 임원 및 지역, 지련회장 연석회의 7. 실행위원 및 전도위원 세미나 및 연석간담회 8. 전국 각지역 및 지련회장 초청간담회 9. 모범운영사례발표회 및 세미나, 연석간담회 10. 지협 및 지련행사 후원 11. 대외연합사업 12. 출판사업 13. 장학금 지원 14. 카렌다 사업

2000. 4. 20.　　홍인호텔 회장 최종문 부회장 김충룡 문경래 이연형 총무 이경우 서기 박준섭 부서기 박동국 회계 최정규 부회계 박영만 감사 한상표 박우철 / 주요 사업 1. 미자립교회 지원 2. 정수기능대학 보조 3. 해외선교 4. 기관연합선교 5. 전국세미나 6. 실행위원 및 전도위원 세미나 및 연석간담회 7. 전국

각지역 및 지련회장 초청간담회 8. 특강 및 간증
9. 지협 및 지련행사 후원

2001. 4. 19. 홍인호텔 회장 김충룡 부회장 문경래 이연형 박우
철 총무 이경우 서기 박동국 부서기 김영현 회계
전상문 부회계 이상호 감사 박준섭 최정규 / 주요
사업 1. 정수기능대학 보조 2. 미자립교회 지원 3.
해외선교 4. 기관연합선교 5. 전국세미나 6. 실행
위원 및 전도위원 세미나 및 연석간담회 7. 전국
각지역 및 지련회장 초청간담회 8. 제1회 전국대
회 9. 지협 및 지련행사 후원 10. 대외연합사업 11.
출판사업 12. 장학금 지원 13. 카렌다 사업

2002. 5. 9. 백운교회 회장 이연형 부회장 박우철 이경우 박준
섭 총무 박동국 서기 황경호 부서기 김영현 회계
이상호 부회계 이태화 감사 최정규 박진수 / 주요
사업 1. 기관연합선교 2. 전국세미나 3. 실행위원
및 전도위원 세미나 및 연석간담회 4. 전국 각지
역 및 지련회장 초청간담회 5. 제2회 전국대회 6.
전도를 위한 세미나 및 간담회 7. 지협 및 지련행
사 후원 8. 대외연합사업 9. 출판사업 10. 장학금
지원 11. 카렌다 사업

2003. 4. 25. 호텔인터불고 회장 박우철 부회장 이경우 박준섭

최정규 총무 이상호 서기 황경호 부서기 이동기
회계 구원서 부회계 강환식 감사 박진수 박동국 /
주요사업 1. 기관연합선교 2. 전국세미나 3. 실행
위원 및 전도위원 세미나 및 연석간담회 4. 전국
각지역 및 지련회장 초청간담회 5. 전국대회 6. 전
도를 위한 세미나 및 간담회 7. 지협 및 지련행사
후원 8. 대외연합사업 9. 출판사업 10. 장학금 지
원 11. 카렌다 사업

2004. 4. 19.   홍은교회 회장 이경우 부회장 박준섭 최정규 박동
국 총무 이상호 서기 구원서 부서기 이동기 회계
강환식 부회계 이원호 감사 박진수 황경호 / 주요
사업 1. 기관연합선교 2. 전국세미나 3. 실행위원
및 전도위원 세미나 및 연석간담회 4. 전국 각지
역 및 지련회장 초청간담회 5. 전국대회 6. 일일부
흥회 7. 지협 및 지련행사 후원 8. 대외연합사업 9.
출판사업 10. 장학금 지원 11. 카렌다 사업

2005. 4. 28.   북교동교회 회장 박준섭 부회장 최정규 박동국 박
진수 총무 구원서 서기 강환식 부서기 성해표 회
계 이원호 부회계 안석만 감사 이상호 황경호 / 주
요사업 1. 기관연합선교 2. 필리핀 평신도단체 협
의회 교류 3. 서남교회 입당예배 4. 장학금 지원 5.

전국대회 6. 전도세미나 및 간담회(3차) 7. 지련행
사보조 8. 대외연합사업 9. 출판사업 10. 장학금
지원 11. 카렌다 사업

2006. 4. 27.   신촌교회 회장 최정규 부회장 박동국 박진수 이상
호 총무 이원호 서기 성해표 부서기 안석만 회계
김경호 부회계 최형진 감사 황경호 구원서 / 주요
사업 1. 기관연합선교 2. 교육위원회 지원 3. 고문
·증경회장 초청간담회 4. 제6회 전국대회(특별기
도회) 5. 세미나와 간증 및 연석간담회(2차) 6. 제3
호 기념교회 설립감사예배(양문교회) 7. 대외연합
사업 8. 출판사업 9. 장학금 지원 10. 카렌다 사업

2007. 4. 12.   수정동교회 회장 박동국 부회장 박진수 이상호 황
경호 총무 성해표 서기 안석만 부서기 최형진 회
계 김경호 부회계 정연성 감사 구원서 이원호 / 주
요사업 1. 기관연합선교 2. 교육위원회 지원 3. 전
국대회(특별기도회) 4. 세미나 및 연석간담회(3차)
5. 지협 및 지련행사보조 6. 대외연합사업 7. 출판
사업 8. 장학금 지원 9. 카렌다 사업

2008. 4. 10.   평택교회 회장 박진수 부회장 이상호 황경호 구원
서 총무 김경호 서기 안석만 부서기 정연성 회계
최형진 부회계 김복은 감사 이원호 성해표 / 주요

사업 1. 기관연합선교 2. 세계성결연맹총회 3. 교육위원회 지원 4. 장학금 지원 5. 전국대회(특별기도회) 6. 세미나 및 연석간담회(3차) 7. 지협 및 지련행사보조 8. 대외연합사업 9. 출판사업 10. 카렌다 사업

2009. 4. 9.　계룡스파텔 회장 이상호 부회장 황경호 구원서 이원호 총무 안석만 서기 최형진 부서기 장덕수 회계 정연성 부회계 최인기 감사 성해표 김경호 / 주요사업 1. 기관연합선교 2. 교육위원회 지원 3. 서울신대장학금 지원 4. 전국대회(특별기도회) 5. 세미나 및 연석간담회(3차) 6. 지협 및 지련행사보조 7. 대외연합사업 8. 출판사업 9. 카렌다 사업

2010. 4. 1.　군산중동교회 회장 황경호 부회장 구원서 이원호 성해표 총무 최형진 서기 정연성 부서기 장덕수 회계 최인기 감사 김경호 안석만 / 주요사업 1. 제4호 기념교회 감사예배(평화나루) 2. 기관연합선교 3. 서울신대장학금 지원 4. 전국대회(특별기도회) 5. 세미나 및 연석간담회(3차) 6. 지협 및 지련행사보조 7. 대외연합사업 8. 출판사업 9. 카렌다 사업

2011. 4. 7.　성락교회 회장 구원서 부회장 이원호 성해표 김경호 총무 정연성 서기 최인기 부서기 박학용 회계

장덕수 부회계 김복은 감사 안석만 최형진 / 주요
사업 1. 기념교회 지원 2. 기관연합선교 3.세계성
결연맹 총회 및 신도대회 4. 장학금 지원 5. 전국
대회(특별기도회) 6. 세미나 및 실행위원회 회의(3
차) 7. 지협 및 지련행사보조 8. 대외연합사업 9.
출판사업 10. 카렌다 사업

2012. 4.3.   강변교회 회장 이원호 부회장 성해표 김경호 정연
성 총무 최인기 부총무 유춘 서기 장덕수 부서기
김복은 회계 박학용 부회계 박춘환 감사 안석만
최형진 / 주요사업 1. 건국대 글로벌 비전센터 개
원 2. 방글라데시 비전센터 건축 3. 기관연합선교
4. 장학금 지원 5. 전국대회 수련회 6. 세미나 및
실행위원회(3차) 7. 지협 및 지련행사보조 8. 대외
연합사업 9. 출판사업 10. 카렌다 사업

2013. 4.16.   예동교회 회장 성해표 부회장 김경호 안석만 최형
진 총무 박학용 부총무 유춘 서기 김복은 부서기
곽용기 회계 박춘환 부회계 이규배 감사 최인기
장덕수 / 주요사업 1.충남대 글로벌 비전센터 개
원 2. 방글라데시 비전센터 봉헌예배 3. 기관연합
선교 4. 전국대회 수련회 5. 세미나 및 실행위원회
(3차) 6. 지협 및 지련행사보조 7. 대외연합사업 8.

출판사업 9. 카렌다 사업

2014. 4. 8. 홍은교회 회장 김경호 부회장 안석만 최형진 최인기 총무 김복은 부총무 곽웅기 서기 박춘환 부서기 이규배 회계 유춘 부회계 조등호 감사 장덕수 박학용 / 주요사업 1. 가나안 비전센터 봉헌예배(방글라데시) 2. 2014 GSM컨퍼런스(전국대) 3. 기관연합선교 4. 전국대회 수련회 5. 세미나 및 실행위원회(3차) 6. 지협 및 지련행사보조 7. 대외연합사업 8. 출판사업 9. 카렌다 사업

2015. 4. 2. 서문교회 회장 안석만 부회장 최형진 장덕수 박학용 총무 박춘환 부총무 이규배 서기 유춘 부서기 조등호 회계 곽웅기 부회계 최세철 감사 김복은 함선호 / 주요사업 1. 남전련5호기념교회(영암벧엘교회) 2. 비전센터 지원 3. 기관연합선교 4. 세미나 및 실행위원회(3차) 5. 제15회 전국대회 수련회 6. 지협 및 지련행사보조 7. 대외연합사업 8. 출판사업 9. 카렌다 사업

2016. 4. 7. 강서교회 회장 최형진 부회장 박학용 김복은 함선호 총무 곽웅기 부총무 조남재 서기 이규배 부서기 민태경 회계 조등호 부회계 이 경우 감사 박춘환 유춘 / 주요사업 1. 남전련 50주년 기념교회(영

암벤엘교회) 2. 남전련 50주년 기념e-book (CD) 제작 3. 외국인 유학생 및 해외선교 비전센타 지원 4. 총회 및 기관 연합 선교 지원 5. 세미나 및 실행위원회(3차) 6. 창립 50주년 기념 제16회 전국대회 개최 7. 지협 및 지련 행사 지원 8. 대외연합사업 9. 출판사업 10. 카렌다 사업

2017. 4. 6.

본교회 회장 박학용 부회장 김복은 함선호 박춘환 총무 이규배 부총무 민태경 서기 조등호 부서기 이경우 회계 조남재 부회계 이봉남 감사 유춘 곽웅기 / 기념사업 1. 기념교회 지원 2. 외국인 유학생 및 해외선교 비전센타 지원 3. 총회 및 기관 연합 선교 지원 4. 세미나 및 실행위원회(3차) 5. 제17회 전국대회 개최 6. 지협 및 지련 행사 지원 7. 대외연합사업 8. 출판사업 9. 카렌다 사업

2018. 4. 10.

북교동교회 회장 김복은 부회장 함선호 박춘환 유춘 총무 조등호 부총부 이경우 서기 조남재 부서기 이봉남 회계 민태경 부회계 신동철 감사 곽웅기 이규배 / 주요사업

1. 목포대 글로벌 비전센터 지원 2. 외국인 유학생 및 해외선교 비전센타 지원 3. 기념교회 지원 4. 총회 및 기관 연합 선교 지원 5. 세미나 및 실행

위원회(3차) 6. 제18회 전국대회 개최 7. 지협 및 지련 행사 지원 8.대외연합사업 9. 출판사업 10. 카렌다 사업

2019. 4. 9. 원주중앙교회 회장 함선호 부회장 박춘환 유춘 곽웅기 총무 조남재 부총무 이봉남 서기 민태경 부서기 신동철 회계 이경우 부회계 김남일 감사 이규배 조등호 / 주요사업 1. 미얀마 모비교회 건축 지원 2. 외국인 유학생 및 해외선교 비전센타 지원 3. 총회 및 기관 연합 선교 지원 4. 세미나 및 실행위원회(2차) 5. 제19회 전국대회 개최 6. 지협 및 지련 행사 지원 7. 대외연합사업 8. 출판사업 9. 카렌다 사업

2020. 5. 7. 원주중앙교회 회장 박춘환 부회장 곽웅기 이규배 조등호 총무 이경우 부총무 김남일 서기 이봉남 부서기 김장성 회계 신동철 부회계 김진호 감사 조남재 민태경 / 주요사업 1. 기념교회 지원 2. 외국인 유학생 및 해외선교 비전센타 지원 3. 총회 및 기관 연합 선교 지원 4. 세미나 및 실행위원회(3차, 2차 취소) 5. 제20회 전국대회 개최 6. 지협 및 지련 행사 지원 7. 대외연합사업 8. 출판사업 9. 카렌다 사업

2021. 4. 22.	천안동산교회 회장 곽웅기 부회장 이규배 조등호 조남재 총무 이봉남 부총무 김장성 서기 신동철 부서기 김진호 회계 김남일 부회계 강국현 감사 민태경 이경우 / 주요사업 1. 기념교회 지원 2. 외국인 유학생 및 해외선교 비전센타 지원 3. 총회 및 기관 연합 선교 지원 4. 세미나 및 실행위원회 (3차, 1차는 비대면 시행) 5. 제21회 전국대회 개최 6. 지협 및 지련 행사 지원 및 간담회 개최 7. 대외 연합사업 8. 출판사업 9. 카렌다 사업
2022. 4. 7.	충무교회 회장 이규배 부회장 조등호 조남재 민태경 총무 신동철 부총무 김진호 서기 김남일 부서기 강국현 회계 김장성 부회계 장석원 감사 이경우 이봉남 / 주요사업 1. 기념교회 지원 2. 외국인 유학생 및 해외선교 비전센타 지원 3. 총회 및 기관 연합 선교 지원 4. 세미나 및 실행위원회(3차) 5. 제22회 전국대회 개최 6. 지협 및 지련 행사 지원 및 간담회 개최 7. 대외연합사업 8. 출판사업 9.카렌다 사업

전국장로회 연혁

　비극의 6.25 동란이 삼천리강산을 휩쓴 전쟁 중 폐허에서의 재건을 다짐하며 예지와 열정을 기울여 민족을 복음으로 구원하고 교단의 부흥에 이바지하며 회원 상호간의 유기적인 연결을 맺어 친목을 도모하며 역군이 되고자 1951년 4월 11일 대구 공평동 교회에서 모여 창립총회를 갖다.

1952. 4. 19.	제1회 정기총회를 대구 봉산교회에서 개최
1953. 4. 22.	제2회 정기총회를 부산 수정동교회에서 개회
1954. 4. 20.	제3회 정기총회를 서울신학교에서 개최
1955. 4. 25.	제4회 정기총회를 서울신학교에서 개최
1956. 4. 17.	제5회 정기총회를 서울신학교에서 개최
1957. 4. 23.	제6회 정기총회를 서울신학교에서 개최
1958. 4. 22.	제7회 정기총회를 서울신학교에서 개최
1959. 4. 21.	제8회 정기총회를 서울신학교에서 개최
1959. 8. 18~20.	제1회 수양대회를 서울 삼각산, 임마누엘 수도원에서 개최 (주강사 : 이명직, 전성천)
1960. 4. 19.	제9회 정기총회를 서울신학교에서 개최
1960. 8. 16~19.	제2회 수양대회를 서울 삼각산 제일기도원에서 개최 (주강사 : 이명직, 백남준)

1960. 11. 30.	총회본부와 신학대학 독립운영을 위하여 배영재단을 조직하고 모금을 착수했으나 1961년 교단분열로 좌절
1961. 4. 11.	제10회 정기총회를 희년기념관에서 개최
1962. 4. 15.	제11회 정기총회를 서울아현교회에서 개최
1963. 4. 15.	제12회 정기총회를 서울아현교회에서 개최
1964. 4. 21.	제13회 정기총회를 목포 북교동교회에서 개최
1965. 4. 20.	제14회 정기총회를 서울아현교회에서 개최
1966. 5. 2.	제15회 정기총회를 서울아현교회에서 개최
1967. 5. 8.	제16회 정기총회를 서울아현교회에서 개최
1967. 7. 26~28.	제3회 수양대회를 서울 삼각산 제일기도원에서 개최 (주강사 : 이한빈)
1968. 4. 24.	제17회 정기총회를 서울아현교회에서 개최
1969. 4. 22.	제18회 정기총회를 서울아현교회에서 개최
1970. 4. 28.	제19회 정기총회를 서울아현교회에서 개최
1971. 4. 4.	제20회 정기총회를 서울아현교회에서 개최
1972. 3.	전국 장로수첩 발간
1972. 4. 25.	제21회 정기총회를 서울아현교회에서 개최
1973. 5. 1.	제22회 정기총회를 서울아현교회에서 개최
1973. 10. 15~18.	제4회 수양대회를 설악산, 낙산, 강릉에서 개최 (강사 : 심신경, 류연창, 이상남 외 3명)

1974. 5. 7.	제23회 정기총회를 부산수정동교회에서 개최
1974. 8. 8~10.	제5회 수양대회를 속리산에서 개최 (주강사 : 정진경)
1975. 5. 13.	제24회 정기총회를 인천송현교회에서 개최
1975. 10. 15~17.	제6회 수양회개최 대전, 부여, 공주, 계룡산 (강사: 오영필 목사) 전국 장로회 사진명감 발행(제1회)
1976. 5. 11.	제25회 정기총회를 청주서원교회에서 개최
1976. 9. 14~16.	제7회 수양회 개최 〈대관령-소금강-동양양회-성유굴-보경사-포항제철-경주〉 (강사: 김원철, 김재환, 홍기득, 조덕순)
1977. 5. 10.	제26회 정기총회를 서울신촌교회에서 개최
1977. 9. 12~14.	제8회 수양회 개최 〈김천-부산온천-충무-부산 태종대〉 (강사 : 남영호, 윤판석, 이종청, 김재환) (민족, 국가 교단을 위한 기도와 간증)
1978. 5. 15.	제27회 정기총회를 전주교회에서 개최
1978. 9. 5~7.	제9회 수양회 개최 〈제천-도담상봉-고수동굴-수안보-수옥폭포-문경관문-도산서원-청송-약수-주왕산-안동댐〉 (강사 : 조인정, 이동수, 한인섭, 양한묵)
1979. 5. 15.	제28회 정기총회를 대전중앙교회에서 개최
1979. 9. 11~13.	제10회 수양회 개최 〈전주-구례-순천-해남-영

	암-광주〉 참석인원: 128명, 총회원수: 1,170명, 19개 지방장로회
1980. 5. 13.	제29회 정기총회를 서울충무교회에서 개최
1980. 9. 9~11.	제11회 수양회 개최 〈삼천포-충무(한산도)-진주(촉석루)-창원(공업단지)〉 참석인원 : 130명, 총회원수 : 1,210명
1981. 5. 11.	제30회 정기총회를 서울신촌교회에서 개최
1981. 9. 15~17.	제12회 수양회 개최 〈춘천소양호-한계령-설악동〉(강사 : 정진경목사) 참석인원 : 180명, 총회원수 : 1,250명
1982. 5. 11.	제31회 정기총회를 대전 남대전교회에서 개최
1982. 9. 14~16.	제13회 수양회 개최 〈경주-보문단지-조선호텔-울산미자립 교회 방문 및 현대조선 시찰 (강사 : 박종만 목사) 참석인원 : 180명, 총회원수 : 1,311명, 23개 지방 장로회
1983. 4. 21.	제32회 정기총회를 성결회관에서 개최
1983. 8. 9~11.	제14회 수양회 개최 대전 유성관광호텔-계룡산 국립공원-천양원〈고아원〉-유성교회〈삼일예배〉(강사 홍순우목사〈장춘단교회〉) 제목 : 현대교회의 문제점 참석인원 : 183명, 총회원수 : 1,615명, 23개 지방장로회

1984. 4. 23.	제33회 정기총회를 서울중앙교회에서 개최
1984. 9. 18~20.	제15회 수양회 개최 〈광주−88올림픽고속도로−가야산−부곡〉 남원교회 방문 강사 전준기 장로, 제목 : 바람직한 장로상, 참석 인원 : 185명, 총회원수 : 1,713명
1985. 3. 26.	제34회 정기총회를 독립문교회에서 24개 지방장로회에서 파송한 대의원 장로 185명이 참석 개최
1985. 9. 17~19.	제16회 수양회 개최 오대산국립공원−대관령−동해안관광도로−백암온천−성유굴−불영계곡−문경새재관문−이화령−수안보온천 특강 : 강사 송영대 장로(적십자회담대변인), 제목 : 오늘의 북한과 대북선교의 과제 참석인원 : 178명, 총회원수 : 1,817명
1986. 3. 27~28	제35회 정기총회 및 제34회기 제2회 평신도 지도자 세미나를 성결회관에서 27개 지방 장로회에서 파송한 대의원 233명이 참석하여 개최함(총회원수 : 1,818명) 세미나 주제 : 장로, 이대로 좋은가? 제1강좌−제목 : 이상적 장로상 강사 : 이병열 장로(군산 중동교회) 제2강좌−제목 : 교회와 장로 강사 : 황대식 목사(상도교회)

전국장로회 1985년 사진명감을 발간 배포함(제2회)

전국장로회 회지 "성결지우" 제29호를 발간 배포함(1986. 3. 1)

1986. 9. 23~25 　제17회 수양회개최(영동고속도로-대관령휴게소-설악도〈설악유스호스텔〉-통일전망대-한계령〈내설악경유〉)

특강 : 강사 평신도부장 최종국 목사, 제목 : 현대교회와 평신도 역할, 참석인원 : 238명, 총회원수 : 1,862명

1987. 3. 26. 　제36회 정기총회 및 평신도 지도자 세미나를 대전 유성교회에서 24개 지방 장로회에서 파송한 대의원 1,862명

1987. 9. 24~26. 　제18회 수양회 개최(월악산-고수동굴-충주호-독립기념관)

특강 : 강사 평신도부장 허복부 목사, 제목 : 교단 발전과 장로 역할, 참석인원 : 270명, 총회원수 : 2,073명

1988. 3. 25. 　제37회 정기총회 및 평신도지도자 세미나를 성결회관에서 23개 지방 장로회에서 파송한 대의원 278명이 참석하여 개최함

세미나 주제 : 선한청지기 같이 봉사하자(벧전

4:10), 강사 : 황대식 목사, 총회원수 : 2,037명

1989. 9. 6~8. 제19회 수양회를 속리산 관광호텔에서 개최 "그리스도안에서 완전한 자로" 라는 표어아래

주제설교 : 총회장 송인구 목사, 증경회장 남영호 장로

특강 : 교단의 발전적 진로(강사 : 정진경 목사), 신학교육과 운동권학생 지도 문제(강사 : 김성호 목사)

1989. 3. 30. 제38회 정기총회 및 평신도 지도자 세미나를 성결회관에서 28개를 지방장로회에서 파송한 대의원 281명이 참석하여 개최함. 세미나주제 : 남북통일이 가능한가, 강사 : 강인덕 박사

주제 : 앞에 있는 것을 잡으려고 푯대를 향하여 나아가노라(빌3:14), 강사 : 황대식 목사, 총회원수 : 2,280명

1989. 9. 5~7. 제20회 수양회 개최 (대관령 용평리조트)

표어 : "민족의 파수꾼이 되게 하소서" (겔33:7), 참석인원 : 403명 주제설교 : 총회장 황대식목사, 박태희 목사, 김일환장로

특강 : 공산주의 이론과 좌경화의 실상 (윤원구 박사)

특강 : 김일성의 주체사상 (원세호 박사)

1990. 3. 22.	제39회 정기총회 및 평신도 지도자 세미나를 성 결회관에서 28개 지방장로회에서 247명 대의원 참석하여 개최 함 주제 : 주 예수께 받은 사명(행20:40) 홍종현 목사 세미나 제목 : 90년대 평신도의 시대적 사명(강사 : 임경섭 장로), 총회원수 : 2,459명
1990. 9. 6~8.	제21회 수양회 개최 (백암 동해관광호텔), 표어 : "일어나라 빛을 발하라: (사60:1), 참석인원 : 460명 주제설교 : 총회장 홍종현 목사, 김호식 박사, 이 만신 목사, 임철재 목사 특강 : 진리수호(김호식 박사), 참석인원 460명
1991. 3. 21.	제40회 정기총회 및 평신도 지도자세미나를 서울 충무교회에서 30개 지방장로회에서 259명 대의 원이 참석하여 개최함 주제 : 너희는 온 천하에 다 니며 만민에게 복음을 전파하라(막 16:17) 세미나제목 : 민족통일과 북한선교 (강사 : 송영대 장로), 총회원수 : 2,560명
1991. 9. 5~7.	제22회 수양회 개최 (수안보 파크텔) 표어 : "너희 는 스스로 성결케 하라" (수3:5), 참석인원 540명 주제설교 : "성결의 체험을 사모합시다" 총회장 김

용칠 목사, 남영호, 이병열, 임철재

1992. 3. 26.	제41회 정기총회 및 평신도지도자 세미나를 성결교회에서 30개 지방장로회에서 251명 대의원 참석하여 개최함 주제: 주 너희 하나님을 사랑하고 또한 네 이웃을 네 몸과 같이 사랑하라(눅10:27) 세미나제목 : 기독교와 사회복지 (강사 : 이윤구박사), 총회원수 : 2,640명
1992. 8. 1.	전국장로회 요람발행
1992. 9. 21~24.	제23회 수양회를 경주 현대호텔에서 개최 표어 : "모든 사람으로 더불어 화평함과 거룩함을 쫓으라" (히12:4), 참석인원 817명 주제설교 : 증경 총회장 김용칠 목사, 임철재, 박현규, 박태희 특강 : 화평과 성결 (예장 증경 총회장 이상근 목사) 성결교회의 시대적인 사명과 평신도의 책임(증경 총회장 홍순우 목사)
1993. 3. 25.	제42회 정기총회 및 평신도지도자 세미나를 성결회관에서 32개 지방 장로회에서 232명 대의원 참석하여 개최함. 주제 : 화평의 복음을 전하자(행10:36) 세미나 제목 : 남북통일론, 강사 : 최영철 집사, 총인원수 : 2,715명
1993. 9. 21~24.	제24회 수양회 개최 (알프스리조트(진부령))

표어 : "성결한 생활 실천하여 빛과 소금이 되자"

(갈5:22~23, 마5:13~14), 참석인원 : 1,125명

주제설교 : 총회장 박태희 목사, 황득주 목사, 이

필섭 장로, 윤철중 목사, 이석종 목사, 문규석 목사

특강 : 사회적 성결과 구원(정동제일교회 김봉록

목사)

1994. 3. 24.　제43회 정기총회 및 평신도 지도자세미나를 동대

전교회에서 33개 지방 장로회에서 285명 대의원

이 참석하

여 개최함

주제 : 합력하여 선을 이루자(롬8:28)

세미나 제목 : 평신도 지도자의 십자가(강사 류재

건 장로), 총회원수 : 3,013명

1994. 9. 6~8.　제25회 수양회 개최 (경주현대호텔)

표어 : "모든 행실에 거룩한 자가 되라" (벧전

1:15~16), 참석인원 1,126명

주제설교 : 강사 정진경 목사(증경 총회장), 최건

호 목사(총회장), 장자천 목사, 김기병 목사, 권유

석 목사

1995. 3. 23.　제44회 정기총회를 대전중앙교회에서 35개 지방

장로회에서 226명 대의원이 참석하여 개최함 (총

회원수 :3,229명)

1995. 9. 19~21.	제26회 수양회 개최 (제주 오리엔탈호텔) 표어 : "21세기를 향한 장로의 역할", 참석인원 1,300명, 강사 : 장자천 목사(총회장), 이만성 목사, 허상봉 목사
1996. 6. 27.	제45회 정기총회를 서울 신길 교회에서 36개 지방장로회에서 266명의 대의원 참석하여 개최함 (총회원수: 3,518명)
1996. 9. 4~6.	제27회 수양회 개최 (강원도 평창 휘닉수 파크) 주제 : "21세기의 성결교회와 장로의 사명", 참석인원 : 1,216명 주제설교강사 : 장자천 목사(총회장), 이만성 목사(부총회장), 홍순영 목사(육군군종감)
1997. 3. 13.	제2회 임원세미나 개회 (온양제일호텔)
1997. 4. 1.	장로회 요람 4,000부 발행
1997. 6. 24.	제46회 정기총회를 대전중앙교회에서 332명 대의원이 참석하여 개최함
1997. 9. 3~5.	제28회 수양회 개최 (강원도 현대성우리조트) 주제 : "통일을 대비한 평신도의 선교사명", 참석인원 : 1,147명, 강사 : 이병돈, 최희범, 박태희 목사
1998. 3. 19.	제3회 임원세미나 개최 (유성 홍인호텔)

	주제 : "IMF 극복과 21세기 경제전망", 강사 : 이병돈, 한영태 목사
1998. 5. 21.	제47회 정기총회를 청주서문교회에서 37개 지방 장로회에서 336명 대의원이 참석하여 개최함
1998. 9. 8~11	제29회 수양회 개최 (강원도 현대성우리조트) 주제 : "세상을 빛으로 국난을 기도로", 참석인원 : 1,077명, 강사 : 손덕용, 송기식, 이정복, 황수관, 백영훈
1999. 3. 25.	제4회 임원세미나 개최 (유성 레전트 호텔) 주제 : "21세기의 평신도지도자상", 강사 : 강신찬, 김석년 목사
1999. 5. 27.	제48회 정기총회를 서울 강변교회에서 42개 지방 장로회에서 328명 대의원이 참석하여 개최함
1999. 8. 30~9. 1	제30회 수양회 개최 (경주 현대호텔) 주제 : "새천년을 성결의 빛으로", 참석인원 : 1,403명, 강사 : 손덕용, 김순권, 백장흠 목사
2000. 3. 20.	제5회 임원세미나 개최 (유성 스파피아 호텔) 주제 : "21세기 한국 그리스도교 지도자론"
2000. 5. 30.	제49회 정기총회를 서울 신촌 교회에서 42개 지방 장로회에서 410명 대의원이 참석하여 개최함
2000. 8. 30~9.1	제31회 수양회 개최 (현대 성우 리조트)

	주제 : "새 천년을 이끌어 가는 평신도의 역할", 참석인원 : 1,336명
2001. 3.29	제6회 임원세미나 개최 (유성 레전드 호텔)
	주제: "새시대장로상", 강사: 임용희장로, 임병우 목사
2001. 5. 31.	제50회 정기총회를 수원교회에서 42개 지방 장로회에서 358명 대의원이 참석하여 개최함
2001. 6.	장로회 창립50주년을 맞이하여 장로회 발전연구위원회와 장로회 창립 50주년 기념사업위원회 구성하다
2001. 9.4~6	제32회 수양회 개최 (현대 성우 리조트)
	주제 : "한국교회의 나갈 길", 참석인원 : 1,220명, 강사 : 윤철중, 이정복, 송기식 목사
2001. 10.	예・기성통합촉진교류를 위해 예・기성교류위원회 구성
2002. 5. 28.	제51회 서울중앙교회에서 정기총회를 45개 지방 장로회에서 386명 대의원이 참석하여 개최함
2002. 9. 2 ~ 4.	제33회 수양회 개최 (한화리조트(설악))
	주제 : "하나가 되게 하소서", 참석인원 : 1,385명, 강사 : 이정복, 김필수, 고훈, 김성영 목사
2002. 5. 25.	정로회 창립50주년 기념총감(칼라판) 6,000부 발행

2003. 5. 22.	제52회 정기총회를 동대전교회에서 46개지방 장로회에서 331명 대의원이 참석하여 개최함
2003. 8. 27 ~ 29	제34회 수양회 개최 (현대성우리조트) 주제 : "교단100주년을 향한 장로의 역할", 참석인원 : 1,297명, 강사 : 이용규, 강선영, 김상복 목사
2004. 10. 20~21.	제1회 성결교회 장로회 간담회(예 · 기성교류) 개최 (설악 한화콘도), 참석인원 : 양교단 45명
2004. 3. 8.	장로회 52회 기념교회 개척창립 전남서지방회 우리세향교회 5,000만원 지원
2004. 5. 25.	제53회 정기총회를 서울 신촌교회에서 45개 지방 장로회에서 406명 대의원이 참석하여 개최함
2004. 9. 1~3.	제35회 수양회 개최 (단양 대명콘도) 주제 : "100만 성도 달성을 위한 장로의 사명", 참석인원 : 1,463명, 강사 : 강선영, 오정현 목사, 이윤구 박사
2004. 8. 13~14.	예 · 기성합동세미나 개최 (분당 수양관) 주제 : "하나 되게 하소서", 참석인원 : 기성123명, 예성 110명
2005. 3.17.	제10회 임원세미나 개최(유성레전드 호텔) 주제 : "100주년 희년에 바라보는 장로에 대한 새로운 시각",

	강사 : 이창영 장로, 강일구 목사(호서대학교 총장)
2005. 4. 5.	100주년기념 전국평신도도대회 개최 (올림픽공원 제2체육관) 주제 : "평신도여 일어나라", 참석인원 : 12,000명
2005. 5. 26.	제54회 정기총회를 대전동대전교회에서 45개지방 장로회에서 356명 대의원이 참석하여 개최함
2005. 8. 31~9. 2.	제36회 수양회 개최 (홍천대명비발디파크) 주제 : "성결성 회복하여 백만성도 이룩하자", 참석인원 : 1,455명, 강사 : 이재완, 이정익, 최성규 목사
2005. 11. 3~4.	제3회 성결교회 장로간담회를 전남화순 금호리조트에서 개최함(참석인원 : 기성25명, 예성20명)
2006. 1. 9~10.	제1회 임원수련회를 단양 대명콘도에서 개최함 (참석인원 : 71명)
2006. 5. 23.	교단창립 100주년 기념교회 개척자금 5,000만원 지원
2006. 5. 26.	제55회 정기총회를 성락 교회에서 45개 지방 장로회에서 361명 대의원이 참석하여 개최함
2006. 9. 6~8.	제37회 수양회 개최 (제주 컨벤션센터) 주제 : "100주년 장로역군 그리스도 증인되자!", 참석인원 : 1,752명

	강사 : 이정익, 권석원, 김철규, 길자연목사, 김영순안무가
2007. 5. 16.	제56회 정기총회를 한우리교회에서 46개 지방장로회에서 321명 대의원이 참석하여 개최함
2007. 5. 27.	교단창립 100주년 기념대회를 잠실종합운동장에서 10만성결인이 참석한 가운데 성황리에 개최함
2007. 9. 4~5.	제38회 수양회 개최 (횡성 현대성우리조트) 주제 : "선교2세기를 향한 장로의 역할", 참석인원 : 1,488명 강사 : 백장흠, 전병일, 이용규, 김진홍, 유동선, 목창균(목사), 현정택장로, 차도균권사
2008. 5. 27.	제57회 정기총회를 김해제일교회에서 326명 대의원이 참석하여 개최함 모범장로 시상 : 윤승하, 고성삼 장로
2008. 9. 2~4.	제39회 수양회 개최 (횡성 현대성우리조트) 참석인원 : 1,499명 강사 : 전병일, 권석원, 김동호, 장경동 목사, 이원호 장로, 신은주
2009.	2009 장로 사진명감 발간
2009. 5. 14.	제58회 정기총회를 중앙교회에서 338명 대의원이 참석하여 개최함.

2009. 9. 1~3.	제40회 수양회 개최 (경주 현대호텔) 참석인원 : 1,521명 강사 : 원팔연, 이정복, 최석원, 강교자, 한태수 목사
2010. 5. 6	제59회 정기총회를 성우리조트에서 43개 지방 장로회에서 326명 대의원이 참석하여 개최함
2010. 8. 31~9. 2	제41회 수양회 개최 (횡성 현대성우리조트) 주제 : "거룩한 부르심", 참석인원 : 1,302명, 강사 : 원팔연,주남석, 조영진, 김응세 목사, 김병삼 목사(만나교회) 수양회 특별헌금과 재정 잔액을 교단지원사업(서울신대100주년기념관 도서관 건립, 문준경전도사 순교기념관 건립, 전도시상교회 승합차 지원) 및 선교에 사용
2011. 4. 28.	제60회 정기총회를 신촌교회에서 46개 지방 장로회에서 336명 대의원이 참석하여 개최함
2011. 8. 30~9. 1.	제42회 수양회 개최 (평창 한화리조트) 주제 : "우리 모두 그리스도의 인격으로", 참석인원 : 1,335명 강사 : 주남석, 박현모, 이기용, 도강록, 손경구 목사
2012. 4. 16.	제61회 정기총회 및 창립60주년 기념 감사예배를 천호동교회에서 46개 지방 장로회에서 298명 대의원이 참석하여 개최함.

2012. 9. 4~6.	제43회 수양회 개최 (평창 한화리조트) 주제 : "여호와 앞에 정결하라", 참석인원 : 1,303명
	강사 : 박현모, 조일래, 고훈, 정진호, 여성삼 목사
2013. 4. 25.	제62회 정기총회를 세현교회에서 47개 지방 장로회에서 316명이 참석하여 개최함.
2013. 9. 3~5.	제44회 수양회 개최 (평창 한화리조트) 주제 : "Wonderful Life[넘치고 풍성한 삶]", 등록인원 : 1,192명
	강사 : 조일래, 이신웅, 정진호, 남창우, 김석년 목사
	60주년 기념사업 : 선교사 파송, 기념교회 개척, 60주년 기념 역사자료집 발간, 불치병 치료비 지원
2014. 4. 16.	제63회 정기총회를 서대전교회에서 49개 지방 장로회에서 311명 대의원이 참석하여 개최함.
2014. 8. 26~28.	제45회 수양회 개최 (평창 한화리조트)
	주제 : "양무리의 본이 되라", 참석인원 : 1,246명
	강사 : 이신웅, 유동선, 박용규, 설광동, 이정익 목사
2015.	2015 장로 사진명감 발간
2015. 4. 28.	제64회 정기총회를 검단우리교회에서 49개 지방 장로회에서 340명 대의원이 참석하여 개최함.
2015. 9. 8~10.	제46회 수양회 개최 (횡성 웰리힐리파크)
	주제 : "섬기는 리더가 되자", 참석인원 : 1,309명

강사 : 유동선, 여성삼, 원팔연, 김남영, 한태수 목사

2016. 4. 28. 제65회 정기총회를 천안교회에서 48개 지방 장로
회에서 267명 대의원이 참석하여 개최하다.

2016. 8. 30~9. 1. 제47회 수양회 개최 (횡성 웰리힐리파크)
주제 : "예수님께 주목하라", 참석인원 : 1,362명
강사 : 여성삼, 신상범, 윤학희, 최일만, 류정호,
윤성원 목사

2017. 4. 18. 인도네시아 아이르히둡교회 봉헌예배 (건축 및 지
원 총액 5,450만 원)

2017. 4. 27. 제66회 정기총회를 김천서부교회에서 45개 지방
장로회 259명 대의원이 참석하여 개최함

2017. 9. 26~28. 제48회 수양회 개최 (제주 국제컨벤션센터)
주제 : "성결의 복음을 북으로, 세계로", 참석인원
: 1,679명
강사 : 신상범, 오영택, 강철환(북한전략센터 대
표), 원희룡(제주특별자치도 지사), 임석웅, 윤성원

2018. 4. 23. 제67회 정기총회를 중앙교회에서 48개 지방 장로
회 258명 대의원이 참석하여 개최함

2018. 8. 28~30. 제49회 수양회 개최 (휘닉스 평창)
주제 : "지금은 겸손하게 복음으로 돌아갈 때(부제
: 쉼, 치유, 회복)", 참석인원 : 1,531명

	강사 : 윤성원, 신일수, 장경동, 유승대, 류정호
2019. 4. 25.	제68회 정기총회를 백운교회에서 48개 지방 장로회 262명 대의원이 참석하여 개최함
2019. 9. 2~5.	제50회 수양회 개최 (홍천 대명 비발디파크) 주제 : "변화의 시대 장로의 역할", 참석인원 : 1,403명 강사 : 류정호, 진영학, 안성우, 박노훈, 김재곤, 한기채
2020.	2020 장로 사진명감 발간
2020. 5. 14.	제69회 정기총회를 백운교회에서 48개 지방 장로회 312명 대의원이 참석하여 개최함
2020. 11. 24~26.	제51회 수양회 개최 (홍천 대명 비발디파크) 주제 : "장로들은 교회의 든든한 기둥", 참석인원 : 423명 강사 : 한기채, 정재학, 이정익, 이종기, 김형배, 주남석, 지형은
2021. 4. 27.	제70회 정기총회를 원주중앙교회에서 43개 지방 장로회 218명 대의원이 참석하여 개최함
2021. 11. 16~18.	제52회 수양회 개최 (홍천 소노벨 비발디파크) 주제 : "여호와께 돌아가자", 참석인원 : 707명 강사 : 지형은, 김주헌, 이순희, 성창용, 장헌익,

류승동, 조일래, 이원철

제70주년 기념사업 : 3代장로가문 기념패 증정

No.	지방회	교회	1대	2대	3대	4대
1	경남서	삼천포	장경한	장민홍	장정래	장재현
2	청주	운동	최완식	최영국	최한기	
3	서울남	후암백합	조인정	조원일	조정현	
4	서울강남	충무	신태원	신창균	신헌싱	
5	강원서	춘천중앙	남궁환	남궁수명	남궁태호	
6	경북	군위	노동봉	노태화	노성종	
7	대전서	대전태평	노태헌	노성방	노진우	

2022. 4. 26. 제71회 정기총회를 천안교회에서 43개 지방 장로회 260명 대의원이 참석하여 개최함

2022. 11. 22~24. 제53회 수양회 개최 (홍천 소노벨 비발디파크)

주제 : "하나님의 일꾼", 참석인원 : 955명

강사 : 김주헌, 임석웅, 이춘오, 이기용, 조영진, 신상범, 원팔연, 정형교

교회학교전국연합회 연혁

1949. 4. 16.   주일학교 전국연합회 창립총회(서울신학교, 초대
회장 윤판석 장로) ▪전국성결교회 주일학교 교사
와 청년회 대표들이 아현교회에서 모여 윤판석장
로를 초대회장으로 남영호장로를 부회장으로 선
출하였다.

1949. 8.   제1회 주일학교 교사전국대회(대전여고 강당) ▪대
전여고 강당에서 150명의 전국청년대회와 주일학
교 교사 전국대회를 함께 대회를 열었다. 윤판석
장로는 평소 주일학교 운동가로서 주일학교에 큰
관심을 가지고 대회를 하게 된 것이다. 성결교회
에서 전국 규모로 교사가 모여 주일학교 교사대회
가 열린 것은 처음이다.

1952. 8. 27~29.   제2회 정기총회(대전중앙교회 회장 윤판석 장로)
제2회 주일학교 교사 전국대회

1953. 7. 25.~8. 1.   제3회 정기총회(충남부여 회장 윤판석장로) 제3
회 주일학교 교사 전국대회

1954. 8. 1.~3.   제4회 정기총회(서울신학교 회장 남영호장로) 제
4회 주일학교 교사 전국대회 어린양 창간

1956.7.30.~8.4.　제5회 정기총회(서울신학교 회장 남영호장로) 제5회 주일학교 교사 전국대회

1958.7.25.~8.1.　제6회 정기총회(대전중앙교회 회장 남영호장로) 제6회 주일학교 교사 전국대회

1959.7. 7.　어린양 속간

1960.8.2.~3.　제7회 정기총회(경기도 광주 구천교회 회장 오기선목사) 제7회 주일학교 전국대회 [주제 : 문열어라] •금회기부터 주일학교 교사 전국대회를 주일학교 전국대회로 명칭을 변경 실시키로 하다.

1962.7.31.~8.3.　제8회 정기총회(서울서호교회 회장 김성호목사) 제8회 주일학교 전국대회 어린이주일 제정(교단 17년차 총회)

1964.7.27.~28.　제9회 정기총회(서울신학교 회장 김성호목사) 제9회 주일학교 전국대회

1966.10.17.~18.　제10회 정기총회(복음전도관 회장 이용신목사) 제10회 주일학교 전국대회

1969.8.15.~17.　제11회 정기총회(서울신학교 회장 이용신목사) 제11회 주일학교 전국대회 [주제 : 우리는 함께 일한다.

1970.6.29.~7.2.　제12회 정기총회(충북 속리산유스호스텔 회장 최희범목사)제12회 주일학교 전국대회 [주제 : 70년

대의 기독 교 교육의 좌표]

1972.8.7.~9.   제13회 정기총회(서울신학교 회장 최희범목사) 여름성경학교 교사강습회 지원

1973.3.20.~22.   제14회 정기총회(대전 유성 회장 이종무목사) 제13회 교회학교 전국대회 [주제 : 가르치는 교회] ▪ 주일학교 전국대회를 교회학교 전국대회로 명칭을 변경 실시키로 하다

1973.8.   전련임원 및 지련회장 수련회(충남 대천교회)

1974.10.15.~18.   제15회 정기총회(충북 속리산 유스호스텔 회장 송기식목사)제14회 교회학교 전국대회 [주제 : 70년대의 기독교 교육의 좌표]

1975.8.29.~31.   실행위원 및 지련회장 수련회(전북 무주구천동) 아시아 태평양성결교회 평신도대회 참석(부회장 이상규장로)

1976.8.17.~19.   제16회 정기총회(부산 해운대감리교회 회장 류재하목사) 제15회 교회학교 전국대회 [주제 : 산업시대에 있 어서 교회교육] 모범 지련 표창, 어린이포스터 배부(1,000부)

1977.6.6.   어린이주일 축하회(서울중앙교회) 모범어린이 표창

1977.8.30.~9.1.   교단 70주년 기념 교회학교 교육지도자 세미나(강원 속초제일교회) [주제 : 교단 70주년과 교회학교]

1978.1.17.	제1회 전국교회학교 어린이 성경경시대회(서울중앙교회)
1978.8.15.~17	제17회 정기총회(부여 유스호스텔 회장 이재완목사) 제16회 교회학교 지도자 세미나 [주제 : 현대 기독교 교육의 이론과 실제] ▪교회학교 전국대회를 교회학교 지도자 세미나로 명칭을 변경 실시키로 하다. 어린이 포스터 배부(2,000부)
1979.1.16.	제2회 전국 교회학교 어린이 성경경시대회(서울 신촌교회)
1979.6.5.~6.	세계 아동의 해 기념 전국 어린이 중앙대회(서울 배재여자전문대학) 모범교사, 어린이 표창
1979.8.13.~15.	제17회 교회학교 지도자 세미나(전북 내장산 부흥산장) [주제 : 급변하는 세대와 교회학교 교육]
1980.1.22.	제3회 전국 교회학교 어린이 성경경시대회(대전 중앙교회)
1980.8.5.~6.	주일학교 창설 200주년 기념대회 참석(서울 영락교회)
1980.8.11.~13.	제18회 정기총회(서울신학교 회장 조인식목사) 제18회 교회학교 지도자 세미나 [주제 : 선교차원에서 교회교육] 세계교회학교 창설 200주년 기념 모범교사 및 모범어린이 표창

1981.1.20.	제4회 전국 교회학교 어린이 성경경시대회(서울 장충단교회)
1981.8.18.~20.	제19회 교회학교 지도자 세미나(전북, 무주구천동 장로교회) [주제 : 오늘의 기독교교육의 대책]
1982.1.19.	제5회 전국 교회학교 어린이 성경경시대회(충남 예산교회)
1982.8.17.~19.	제19회 정기총회(성결회관 회장 구장회 목사) 제20회 교회학교 지도자 세미나 (주제: 선교 100주년을 향한 교회교육)
1983.1.18.	제6회 전국 교회학교 어린이 성경경시대회(청주 서문교회)
1983.4.4.~5.	제20회 정기총회(서울신학대학교 회장 채준환장로) ▪1949년에 평신도 주측으로 주일학교 전국연합회를 창립 시행되어오다 1960년~1982년까지 교역자가 시행되어오다 1983년 본 회기부터 평신도가 맡아 시행하게 되다. 어린이 포스터 배부(2,000부) 모범교사 및 모범어린이 표창(성결회관) – 표창자 자유의 다리 탐방
1983.7.28.	제1회 전국 교회학교 어린이 예능대회 – 미술, 백일장(서울 선릉공원)
1983.12.27.	제1회 전국 교회학교 어린이 성탄축하음악제 – 합

창, 중창(서울 충무교회)

1984.1.17.	제7회 전국 교회학교 어린이 성경경시대회(인천 송현교회) 교사수첩 첫 발행(5,000부)
1984.4.4.	제21회 정기총회(성결회관 회장 채준환장로)
1984.8.2.	제2회 전국 교회학교 어린이 예능대회(공주 계룡산) – 미술, 백일장
1984.8.16.	모범교사 및 모범어린이 표창(성결회관) 어린이 포스터 배부(2,000부), 교사수첩 발행(6,000부)
1984.10.8.~9.	제21회 교회학교 지도자 세미나(전북 김제 호남성 농원) [주제 : 교회교육과 신학과 사중복음]
1984.12.27.	제2회 전국 교회학교 어린이 성탄축하음악제(서울충무교회) – 합창, 중창
1985.1.15.	제8회 전국 교회학교 어린이 성경경시대회(성결회관) 교사수첩 발행
1985.4.4.	제22회 정기총회(성결회관 회장 김지홍장로) 어린이포스터 배부(2,000부)
1985.7.30.	제3회 전국 교회학교 어린이 예능대회(서울 선릉공원) – 미술, 백일장
1985.8.13.	모범교사 및 모범어린이 표창(성결회관) – 표창자 인천내항 관광
1985.10.8.~9.	제22회 교회학교 지도자 세미나(경남 부곡온천)

[주제 : 기독교 교육과 초자연적 역사]

1985.12.27.	제3회 전국 교회학교 어린이 성탄축하음악제(서울신촌교회) – 합창, 중창
1986.1.16.	제9회 전국 교회학교 어린이 성경경시대회(전북 전주교회) 교사수첩 발행
1986.4.5.	제23회 정기총회(성결회관 회장 최용환장로) 어린이 포스터 배부(2,000부), 교사수첩 발행(6,600부)
1986.8.14.~16.	제4회 전국 교회학교 어린이 예능대회(대전 만수원공원) – 미술, 백일장
1986.12.29.	제23회 교회학교 지도자 세미나(대전 경하장) [주제 : 기독교 교육과 구원] 모범교사 및 모범어린이 표창(대전 백운교회) 제4회 전국 교회학교 어린이 성탄축하 음악제(대전 동대전교회) – 합창, 중창
1987.1.15.	제10회 전국 교회학교 어린이 성경경시대회(청주 서문교회)
1987.4.4.~5.	제24회 정기총회(성결회관 회장 손재연장로) 어린이 포스터 배부(2,000부), 교사수첩 발행(7,800부)
1987.8.6.~8.	교단 80주년 기념 교사대회(부산 금강유스호스텔) 제24회 교회학교 지도자 세미나 [주제 : 교단창립 80주년 을 맞이한 교회교육의 비전]
1987.10.1.	교단창립 80주년기념 제5회 전국 교회학교 어린이

예능대회(대구 두류공원) – 미술, 백일장 모범교사 및 모범어린이 표창(서울 독립문교회)

| 1987.12.29. | 제5회 전국 교회학교 어린이 성탄축하 음악제 – 합창, 중창 |

1987.12.29.　제5회 전국 교회학교 어린이 성탄축하 음악제 – 합창, 중창

1988.1.19.　제11회 전국 교회학교 어린이 성경경시대회(전북 이리삼광교회) 교사수첩 발행

1988.4.4.~5.　제25회 정기총회(성결회관 회장 손재연장로) 어린이주일 포스터 배부(2,000부)

1988.8.1.~3.　1988년도 하계대회(충남 부여 유스호스텔) ▪금회기부터 하계대회와 동계대회로 분리하기로 하고 하계대회 를 개최하여 전국 교회학교 어린이 예능대회와 교회학교 지도자 세미나를 함께 개최하고 어린이를 위한 성 결어린이 캠프를 신설 개최하기로 하다. 제25회 교회학교 지도자 세미나 제6회 전국 교회학교 어린이 예능대회 – 미술, 백일장 제1회 성결 어린이 캠프(서울신학대학교 캠프담당)

1989.1.23.　1989년도 동계대회(대전 남대전교회)
　　　　　▪금회기부터 동계대회로 개최하여 전국 교회학교 어린이 성탄축하 음악제를 전국 교회학교 성가경창대회 로 명칭을 변경하여 전국 교회학교 어린이 성경경시대회와 모범교사 및 모범어린이 표창을

함께 개최하기로 하다. 제6회 전국 교회학교 어린이 성가경창대회 - 합창, 중창 제12회 전국 교회학교 어린이 성경경시 대회 모범교사 및 모범어린이 표창 교사수첩 발행(5,000부) 어린양 복간 발행(3,000부) - 회장님 특별지원 으로 복간하기로 하다

1989.4.4. 제26회 정기총회(성결회관 회장 송영근장로) 어린이주일 포스터 배부(2,000부)

1989.8.7.~9. 1989년 하계대회(경기, 양지리조트) 제26회 교회학교 지도자 세미나 [주제 : 배우고 확실한 일에 거하라] 제7회 전국 교회학교 어린이 예능대회 - 미술, 백일장 제2회 성결 어린이 캠프(서울신학대학교 캠프담 당) 모범교사, 어린이 표창

1990.1.15. 1990년도 동계대회(전북, 전주태평교회) 제7회 전국 교회학교 어린이 성경경창대회 - 합창, 중창 제13회 전국 교회학교 어린이 성경경시대회 모범교사 및 모범어린이 표창 교사수첩 발행(8,000부), 어린양 발행 (5,000부)

1990.4.5. 제27회 정기총회(성결회관 회장 장세만장로) 어린이주일 포스터 배부(1,500부)

1990.8.13.~15. 1990년도 하계대회(경기, 양지리조트) 제27회 교회

학교 지도자 세미나 [주제 : 가르쳐 지키게 하라] 제 8회 전국 교회학교 어린이 예능대회 – 미술, 백일장 제3회 성결 어린이 캠프(서울신학대학 캠프담당)

1991.1.14.	1991년도 동계대회(충북, 청주서문교회) 제8회 전국 교회학교 어린이 성가경창대회 – 합창, 중창 제14회 전국 교회학교 어린이 성경경시대회 모범교사 및 모범어린이 표창 교사수첩 발행(10,000부), 어린양 발행 (3,000부)
1991.4.5.	제28회 정기총회(성결회관 회장 김정영장로)
1991.8.12.~14.	1991년도 하계대회(속리산 유스타운) 제28회 교회학교 지도자 세미나 [주제 : 좋은 소식을 전하는 자] 제 9회 전국 교회학교 어린이 예능대회 – 미술, 백일장 제4회 성결 어린이 캠프(서울신학교)
1992.1.13.	1992년도 동계대회(충남, 천안교회) 제9회 전국 교회학교 어린이 성가경창대회 – 합창, 중창 제15회 전국 교회학교 어린이 성경경시대회 모범교사 및 모범어린이 표창 교사수첩 발행(10,000부), 어린양 발행 (10,000부)
1992.4.6.~7.	제29회 정기총회(대전 서대전교회 회장 이달용장로)
1992.8.4.~6.	1992년도 하계대회(속리산 유스타운) 제29회 교회

학교 지도자 세미나 [주제 : 내 집을 채우라] 제10회 전국 교회학교 어린이 예능대회 – 그리기, 글짓기 제5회 성결 어린이 캠프(박영빈목사) 제1회 어린이 성경 암송대회 (유년 – 고전13장, 히11장 / 초등 – 마5~7장) •금회기부터 미술, 백일장을 그리기, 글짓기로 명칭을 변경 실시하기로 하고 제1회 어린이 성경암송대회를 실시하기로 하다

1992.10.18.	제주지련 예능대회(제주대학) – 성경암송, 그리기, 글짓기대회
1993.1.12.	1993년도 동계대회(서울 독립문교회) 제10회 전국 교회학교 어린이 성가경창대회 – 합창, 중창 제16회 전국 교회학교 어린이 성경경시대회 모범교사 및 모범어린이 표창 교사수첩 발행(18,000부) 어린양 발행 (10,000부)
1993.2.4.~9.	대만교회 시찰단 내방(성결회관 부총회장 외 40명) – 교회학교 현황 설명 및 질의응답
1993.3.1~2.	제30회 정기총회(대구 봉산교회 회장 이동기장로)
1993.8.10.~12.	1993년도 하계대회(경기 양지리조트) 제30회 교회학교 지도자 세미나 [주제 : 진리로 거룩하게 하옵소서] 제11회 전국 교회학교 어린이 예능대회 – 그리기,

글짓기 제6회 성결 어린이 캠프(전승천전도사) 제
2회 어린이 성경암송대회 (유년 – 요1~2장 / 초등
– 롬6~8장)

1994.1.11.   1994년도 동계대회(대전 서대전교회) 제11회 전국
교회학교 어린이 성가경창대회 – 합창, 중창 제17
회 전국 교회학교 어린이 성경경시대회 모범교사
및 모범어린이 표창 교사수첩 발행(16,500부), 어
린양 발행 (8,000부) ▪금회기부터 교단 교회학교 교
재보급을 본회가 총판을 맡아 운영하기로 하다.

1994.2.28.~3.1.   제31회 정기총회(전남 순천교회 회장 신옥우장로)

1994.8.9.~11.   1994년도 하계대회(경기 양지리조트) 제31회 교회
학교 지도자 세미나 [주제 : 우리를 거듭나게 하소
서] 제

12회 전국 교회학교 어린이 예능대회 – 그리기, 글
짓기 제7회 성결 어린이 캠프(전승천전도사) 제3회
어 린이 성경암송대회 (유년 – 요일1~5장 / 초등
– 히11~13장)

1995.1.10.   제3회 어린이 성경암송대회 (유년 – 요일1~5장 /
초등 – 히11~13장) 1995년도 동계대회(전북 이리
삼광 교회) 제12회 전국 교회학교 어린이 성가경창
대회 – 합창, 중창 제18회 전국 교회학교 어린이 성

경경시대회 모범교사 및 모범어린이 표창 교사수첩 발행(20,000부), 어린양 발행(10,000부)

1995.2.28.~3.1.	제32회 정기총회(성결회관 회장 조병철장로)
1995.8.8.~10.	1995년도 하계대회(속리산 유스타운) 제32회 교회학교 지도자 세미나 [주제 : 화평함과 거룩함을 좇으라]

제13회 전국 교회학교 어린이 예능대회 – 그리기, 글짓기 제8회 성결 어린이 캠프(전승천목사) 제4회 어린이 성경암송대회 (유년 – 시1~15편 / 초등 – 전1~7장)

1996.1.9.	1996년도 동계대회(충남 천안교회) 제13회 전국 교회학교 어린이 성가경창대회 – 합창, 중창 제19회 전국 교회학교 어린이 성경경시대회 모범교사 및 모범어린이 표창 교사수첩 발행(15,000부), 어린양 발행(5,000 부)
1996.2.29.~3.1.	제33회 정기총회(대전 서대전교회 회장 이진구장로)
1996.8.8.~10.	1996년도 하계대회(충북 보은 서당골관광농원) 제33회 교회학교 지도자 세미나 [주제 : 성령의 열매를 맺자] 제14회 전국 교회학교 어린이 예능대회 – 그리기, 글짓기 제9회 성결 어린이 캠프(전승천목사, 조성현 전도사) 제5회 어린이 성경암송대회 (유

년 - 갈1~6장 / 초등 - 잠1~10장) 아시아 태평양 연맹총회 일본 참석 (이진구, 이동기, 신옥우, 정진고, 임근길)

1997.1.19. 1997년도 동계대회(육·해·공군 본부교회) 제14회 전국 교회학교 어린이 성가경창대회 - 합창, 중창 제20회 전국 교회학교 어린이 성경경시대회 모범교사 및 모범어린이 표창 교사수첩 발행(16,340 부), 어린양 발행 (3,000부)

1997.5.13. 제34회 정기총회(충남 천안교회 회장 정진고장로)

1997.8.5.~7. 1997년도 하계대회(속리산 유스타운) 제34회 교회학교 지도자 세미나 [주제 : 새사람을 입으라] 제15회 전 국 교회학교 어린이 예능대회 - 그리기, 글짓기 제10회 성결 어린이 캠프(전승천목사, 조성현전도사) 제6 회 어린이 성경암송대회 (유년 - 요일1~5장 / 초등 - 히10~13장)

1998.1.13. 1998년도 동계대회(충남 천안교회) 제15회 전국 교회학교 어린이 성가경창대회 - 합창, 중창 제21회 전국 교회학교 어린이 성경경시대회 모범교사 및 모범어린이 표창 교사수첩 발행(15,000부), 어린양 발행(3,000 부)

1998.4.28. 제35회 정기총회(전북 군산중동교회 회장 임근길

장로)

1998.8.4.~6.   1998년도 하계대회(경기 마니산수련원) 제35회 교
회학교 지도자 세미나(주제: 새시대 새사람) 제16
회 전국 교회학교 어린이 예능대회 – 그리기, 글짓
기 제11회 성결 어린이 캠프(전승천, 조성현목사)
제7회 어린이 성경암송대회 (유년 – 시1~5편 / 초
등 – 전1~7장)

1998.12.18.   본회 증경회장님과 제35회 회장단 연석회의에서
본회 창립을 1949년으로 확정하고 교회학교 전국
연합회 창 립 50주년 기념행사와 50년사를 발간하
기로 하다. ·준비 및 편찬위원 : 이종무, 송기식, 채
준환, 조병철, 임 근길, 최형진

1999.1.12.   1999년도 동계대회(충남 천안교회) 제16회 전국 교
회학교 어린이 성가경창대회 – 합창, 중창 제22회
전국 교회학교 어린이 성경경시대회 모범교사 및
모범어린이 표창 교사수첩 발행(13,000부), 어린양
발행(3,000 부)

1999.4.27.   제36회 정기총회(서울신학대학교 회장 최형진장로)

1999.8.10.~12.   1999년도 하계대회(청주 심신수련원) 교회학교 창
립 50주년 기념 제36회 교회학교 지도자 세미나
[주제 : 가르쳐 지키게 하라] 제17회 전국 교회학교

어린이 예능대회 – 그리기, 글짓기 제12회 성결 어린이 캠프 (전승천, 조성현목사) 제8회 어린이 성경암송대회 (유년 – 엡1~6장 / 초등 – 롬1~8장) 모범교사 및 모범 어린이 표창(동계대회에서 하계대회로) 홈페이지 제작 교회학교 창립 50주년 기념 · 앰블런 공모당선작 시 상 – 최우수상 임종수목사 (큰나무교회) ·역대 예능대회 수상자 초청 격려

2000.1.11.   ·50주년 백일장 공모 시상 – 최우수상 김은미(필리핀 까반디아교회) 2000년도 동계대회(충남 천안교회) 제 17회 전국 교회학교 어린이 성가경창대회 – 합창, 중창 제23회 전국 교회학교 어린이 성경경시대회 교사 수첩 발행(13,000부), 어린양 발행 (10,000부)

2000.4.4.   제37회 정기총회(김천모암교회 회장 송장옥 장로)
2000.8.   2000년도 하계대회(청주 심신수련원) 제37회 교회학교 지도자 세미나 [주제 : 온 천하에 복음을 전하자] 제 18회 전국 교회학교 어린이 예능대회 – 그리기, 글짓기 제13회 성결 어린이 캠프 제9회 어린이 성경암송 대회 (유년 – 시1~20편 / 초등 – 시21편,45편) 모범교사 및 모범어린이 표창

2001.1.   2001년도 동계대회(전주바울교회) 제18회 전국 교

	회학교 어린이 성가경창대회 – 합창, 중창 제24회 전국 교회학교 어린이 성경경시대회 교사수첩 발행
2001.3.26.	교회학교 전국연합회 50주년 기념 및 50년사 출판 감사예배
2001.4.	제38회 정기총회(부천 창대교회 회장 류재호 장로)
2001.8.	2001년도 하계대회(한국 노총연수원) 제38회 교회학교 지도자 세미나(주제 : 선한청지기로 헌신하자) 제19회 전국 교회학교 어린이 예능대회 – 그리기, 글짓기 제14회 성결 어린이 캠프 제10회 어린이 성경암송대회 (유년 – 약1~5장 / 초등 – 신5~11장) 모범교사 및 모범어린이 표창
2002.1.	2002년도 동계대회(대전삼성교회) 제19회 전국 교회학교 어린이 성가경창대회 – 합창, 중창 제25회 전국 교회학교 어린이 성경경시대회 교사수첩 발행
2002.4.	제39회 정기총회(서울 길음교회 회장 박학용 장로)
2002.8.	2002년도 하계대회(무봉산 수련원) 제39회 교회학교 지도자 세미나 [에베소서 4:23~24] 제20회 전국 교회 학교 어린이 예능대회 – 그리기, 글짓기 제15회 성결 어린이 캠프 제11회 어린이 성경암송대회 (유년 – 마5~7장 / 초등 – 마9~11장) 모범교사 및 모범어린이 표창

2003.1.	2003년도 동계대회(대전삼성교회) 제20회 전국 교회학교 어린이 성가경창대회 – 합창, 중창 제26회 전국 교회학교 어린이 성경경시대회 교사수첩 발행
2003.4.	제40회 정기총회(경기 광주교회 회장 강범구장로)
2003.8.	2003년도 하계대회(화양 청소년수련원) 제40회 교회학교 지도자 세미나 [주제 : 강권하여 데려다가 내 집을 채우라(눅14:23)] 제21회 전국 교회학교 어린이 예능대회 – 그리기, 글짓기 제16회 성결 어린이 캠프 제12회 어린이 성경암송대회 (유년 – 시 1~15편 / 초등 – 시1~20편) 모범교사 및 모범어린이 표창
2004.1.	2004년도 동계대회(수원세한교회) 제21회 전국 교회학교 어린이 성가경창대회 – 합창, 중창 제27회 전국 교회학교 어린이 성경경시대회 교사수첩 발행
2004.4.	제41회 정기총회(서울 대신교회 회장 홍재오장로)
2004.8.	2004년도 하계대회(화양 청소년수련원) 제41회 교회학교 지도자 세미나 [주제 : 창조주 하나님(창 1:1)] 제22회 전국 교회학교 어린이 예능대회 – 그리기, 글짓기 제17회 성결 어린이 캠프 제13회 어린이 성경암송대회 (유년 – 약1~3장 / 초등 – 약1~5장) 모범교사 및 모범어린이 표창

2005.1.	2005년도 동계대회(전북이리교회) 제22회 전국 교회학교 어린이 성가경창대회 – 합창, 중창 제28회 전국 교회학교 어린이 성경경시대회 교사수첩 발행
2005.3.	세계연맹 교육대회(대만) 참가
2005.4.5.	평신도 전도대회(잠실체육관 펜싱경기장)
2005.4.8.	제42회 정기총회(전주 바울교회 회장 김동영 장로)
2005.8.8.~10.	2005년도 하계대회(화양 청소년수련원) 제42회 교회학교 지도자 세미나 [주제 : 너는 배우고 확신한 일에 거하라(딤후3:14)] 제23회 전국 교회학교 어린이 예능대회 – 그리기, 글짓기 제18회 성결 어린이 캠프 제14회 어린이 성경암송대회 (유년 – 시 100~150편 / 초등 – 시106~115편) 모범교사 및 모범어린이 표창
2006.1.	2006년도 동계대회(서울 대신교회) 제23회 전국 교회학교 어린이 성가경창대회 – 합창, 중창 제29회 전국 교회학교 어린이 성경경시대회 교사수첩 발행
2006.4.8.	제43회 정기총회(경남 삼천포교회 회장 김형권 장로) 근속, 공로, 선생교사 표창
2006.8.10.~12.	2006년도 하계대회(무주리조트) 제43회 교회학교 지도자 세미나 [주제 : 30만 어린이를 예수님 품으

로(빌 4:13)] 제24회 전국 교회학교 어린이 예능대회 – 그리기, 글짓기 제19회 성결 어린이 캠프 제15회 어린이 성경암송대회 (유년 – 딤후1~4장 / 초등 – 딤후1~6장) 웅변대회 모범교사 및 모범어린이 표창

2007.1	2007년도 동계대회(충남 천안교회) 제24회 전국 교회학교 어린이 성가경창대회 – 합창, 중창 제30회 전국 교회학교 어린이 성경경시대회 교사수첩 발행
2007.4.5.	제44회 정기총회(대전 중앙교회 회장 송기훈장로)
2007.5.27.	교단 100주년 기념대회(잠실 올림픽 주경기장)
2007.8.9.~11.	2007년도 하계대회(충북 보람원) 제44회 교회학교 지도자 세미나 [주제 : 푯대를 향하여] 제25회 전국 교 회학교 어린이 예능대회 – 그리기, 글짓기 제20회 성결 어린이 캠프 제16회 어린이 성경암송대회 (유년 – 빌1~4장 / 초등 – 엡1~6장) 모범교사 및 모범어린이 표창
2007.10.3.	제1회 총회장기 전국 교회학교 어린이 축구대회(충북 보은 국민체육센터) ·1위 – 충북지방 함께하는 교회
2008.1.8.	2008년도 동계대회(대전 삼성교회) 제25회 전국

	교회학교 어린이 성가경창대회 – 합창, 중창 제31회 전국 교회학교 어린이 성경경시대회 교사수첩 발행
2008.2.29.~3.1.	성결교사대회(현대성우리조트)
2008.4.5.	제45회 정기총회(서울신학대학교 회장 강원주안 수집사)
2008.8.7.~9.	2008년도 하계대회(충북 보람원) 제45회 교회학교 지도자 세미나 [주제 : 예수님의 사랑안에서 변화하는 교회학교] 제26회 전국 교회학교 어린이 예능대회 – 그리기, 글짓기 제17회 어린이 성경암송대회 (유년 – 잠 1~8장 / 초등 – 잠1~12장) BCM 어린이 캠프 모범교사 및 모범어린이 표창
2008.10.3.	제2회 총회장기 전국 교회학교 어린이 축구대회 (충북 보은 국민체육센터)
2009.1.13.	2009년도 동계대회(수원 세한교회) 제26회 전국 교회학교 어린이 성가경창대회 – 합창, 중창 제32회 전국교회학교 어린이 성경경시대회 교사수첩 발행
2009.4.4.	제46회 정기총회(대전 삼성교회 회장 하영봉장로)
2009.7.29.~30.	2009년도 하계대회(충북 보람원) 제46회 교회학교 지도자 세미나 [주제 : 살아 움직이는 교회학교(행

4:34)] 제27회 전국 교회학교 어린이 예능대회 – 그리기, 글짓기 제18회 어린이 성경암송대회 (유년 – 시 130~150편 / 초등 – 시120~150편) 웅변대회 모범교사 및 모범어린이 표창 1차 BCM 어린이 캠프, 2차 BCM 어린이 캠프

2009.10.24.   제3회 총회장기 전국 교회학교 어린이 축구대회 (김천 종합운동장)

2010.1.12.   2010년도 동계대회(대전 동대전교회) 제27회 전국 교회학교 어린이 성가경창대회 – 합창, 중창 제33회 전국교회학교 어린이 성경경시대회 교사수첩 발행

2010.4.3.   제47회 정기총회(천안교회 회장 김기선 장로)

2010.8.12.~14.   2010년도 하계대회(충북 보람원) 제47회 교회학교 지도자 세미나 [주제 : 전도하는 교회학교 부흥하는 우리 교회(출9:16)] 제28회 전국 교회학교 어린이 예능대회 – 그리기, 글짓기 제19회 어린이 성경암송대회 (유 년 – 빌1~4장 / 초등 – 엡1~6장) 웅변대회 모범교사 및 모범어린이 표창 BCM 어린이 캠프

2010.10.9.   제4회 총회장기 전국 교회학교 어린이 축구대회 (충북 보은 국민체육센터)

2011.1.	2011년도 동계대회(수원 세한교회) 제28회 전국 교회학교 어린이 성가경창대회 – 합창, 중창 제34회 전국 교회학교 어린이 성경경시대회 교사수첩 발행
2011.4.2.	제48회 정기총회(전북 금마교회 회장 이윤재장로) 근속, 공로, 모범교사 및 모범어린이 표창 ▪금회기부터 모범교사 및 모범어린이 표창을 정기총회시 표창키로 하였다
2011.8.8.~11.	2011년도 하계대회(평창 청소년수련원) 제48회 교회학교 지도자 세미나 [주제 : 하나되는 성결교회 부흥되는 성결교회] 제29회 전국 교회학교 어린이 예능대회 – 그리기, 글짓기 제20회 어린이 성경암송대회 (유년 – 잠1~4장 / 초등 – 잠1~6장) 영어 성경암송대회, 웅변대회 BCM 어린이 캠프
2011.9.24.	제5회 총회장기 전국 교회학교 어린이 축구대회 (충북 보은 국민체육센터) ·1위 – 부산성광교회
2012.1.10.	2012년도 동계대회(서산교회) 제29회 전국 교회학교 어린이 성가경창대회 – 합창, 중창 제35회 전국 교회학교 어린이 성경경시대회 교사수첩 발행
2012.4.7.	제49회 정기총회(서울 성암중앙교회 회장 최명헌 장로) 근속, 공로, 모범교사 및 모범어린이 표창 2012년도 하 계대회(충북 보람원)

2012.8.9.~11.	제49회 교회학교 지도자 세미나 [주제 : 말씀으로 제자되는 성결교회(출24:3)] 제30회 전국 교회학교 어린이 예능대회 – 그리기, 글짓기 제21회 어린이 성경암송대회 (유년 – 마5~8장 / 초등 – 마5~10장) 영어성경 암송대회, 웅변대회 BCM 어린이 캠프
2012.10.6.	제6회 총회장기 전국 교회학교 어린이 축구대회 (충북 보은 국민체육센터) ·1위 – 경기남 용인비전교회
2013.1.8.	2013년 동계대회(동대전교회) 제30회 전국 교회학교 어린이 성가경창대회 – 합창, 중창 제36회 전국 교회학교 어린이 성경경시대회 교사수첩 발행
2013.4.6.	제50회 정기총회(서울신학대학교 회장 김영진장로) 근속, 공로, 모범교사 및 모범어린이 표창
2013.8.3.~5	2013년도 하계대회(충북 보람원) 제50회 교회학교 지도자 세미나 [주제 : 예배하는 제자 부흥하는 우리교회 (행2:38)] 제31회 전국 교회학교 어린이 예능대회 – 그리기, 글짓기 제22회 어린이 성경암송대회 (유년 – 잠10~15장 / 초등 – 잠10~19장) 영어성경암송대회, 웅변대회 BCM 어린이 캠프
2013.10.12.	제7회 총회장기 전국 교회학교 어린이 축구대회 (울산 간절곶 스포츠파크) ·1위 – 부산동 성광교회

2014.1.17.	2014년도 동계대회(신길교회) 제31회 전국 교회학교 어린이 성가경창대회 – 합창, 중창 제37회 전국 교회 학교 어린이 성경경시대회 교사수첩 발행
2014.4.5.	제51회 정기총회(충남 천안교회 회장 피상학장로) 근속, 공로, 모범교사 및 모범어린이 표창
2014.8.11.~13.	2014년도 하계대회(국립평창 청소년수련원) 제51회 교회학교 지도자 세미나 [주제 : 섬기는 제자, 부흥 하는 우리교회(벧전4:10~11)] 제32회 전국 교회학교 어린이 예능대회 – 그리기, 글짓기 제23회 어린이 성경암 송대회 (유년 – 롬5~11장 / 초등 – 롬5~15 장) 영어성경암송대회, 웅변대회 BCM웅변캠프
2014.10.18.	제8회 총회장기 전국 교회학교 어린이 축구대회 (충북 보은 공설운동장) ·1위 – 인천중앙 예수생명 교회
2015.1.6.	2015년도 동계대회(대전 동대전교회) 제32회 전국 교회학교 어린이 성가경창대회 – 합창, 중창 제38 회 전국 교회학교 어린이 성경경시대회 금년부터 교사수첩발행을 중지하고 총회본부 교육국에서 출판한 BCM목회 자 플래너로 대차하기로 하다
2015.4.4.	제52회 정기총회(서울 서울교회 회장 신진섭장로) 근속, 공로, 모범교사 및 모범어린이 표창

2015.8.10.~12.	2015년도 하계대회(웰리힐리파크) 제52회 교회학교 지도자 세미나 [주제 : 복음을 만난 사람들(디 3:3~7)] 제33회 전국 교회학교 어린이 예능대회 – 그리기, 글짓기 제24회 어린이 성경암송대회 (유년 – 전1~8장 / 초등 – 전1~12장) BCM 어린이 캠프
2015.10.3.	제9회 총회장기 전국 교회학교 어린이 축구대회 (충주 탄금대축구장) •1위 – 경기남 용인비전교회
2016.1.12.	2016년도 동계대회(대전 태평교회) 제33회 전국 교회학교 어린이 성가경창대회 – 합창, 중창 제39회 전국교회학교 어린이 성경경시대회
2016.4.9.	제53회 정기총회(울산 울산교회 회장 임진수장로) 근속, 공로, 모범교사 및 모범어린이 표창 •전도상 – 경기중앙 향남꿈의교회
2016.8.8.~10.	2016년도 하계대회(충북 보람원) 제53회 교회학교 지도자 세미나 [주제 : 말씀위에 사람들(히1~5장)] 제34회 전국 교회학교 어린이 예능대회 – 그리기, 글짓기 제25회 어린이 성경암송대회 (유년 – 히 1~5장 / 초등 – 히1~8장) BCM 어린이 캠프 교사 골든벨
2016.10.1.	제10회 총회장기 전국 교회학교 어린이 축구대회(충 주 수안보 생활체육공원) •1위 – 대전서 태평교회

2017.1.19.	2017년도 동계대회(전주교회) 제34회 전국 교회학교 어린이 성가경창대회 – 합창, 중창 제40회 전국 교회학교 어린이 성경경시대회
2017.4.8.	제54회 정기총회(경기 신흥교회 회장 권현희 권사) 근속, 공로, 모범교사 및 모범어린이 표창·전도상 – 서 울남 생수의강교회, 경기동 학동교회
2017.8.7.~9.	2017년도 하계대회(충북 보람원) 제54회 교회학교 지도자 세미나 [주제 : 새 생명을 얻은 사람들(딤후 3:12~17)] 제35회 전국 교회학교 어린이 예능대회 – 그리기, 글짓기 제26회 어린이 성경암송대회 (유년 – 시1~15편 / 초등 – 시1~18편) BCM 어린이 캠프 교사골든벨
2017.10.14.	제11회 총회장기 전국 교회학교 어린이 축구대회 (충남 부여 생활체육공원) ·1위 – 인천서 함께하는 교회
2018.1.18.	2018년도 동계대회(경기 광주교회) 제35회 전국 교회학교 어린이 성가경창대회 – 합창, 중창 제41회 전국 교회학교 어린이 성경경시대회
2018.4.7.	제55회 정기총회(서울강동 서울제일교회 회장 김용태 장로) 근속, 공로, 모범교사 및 모범어린이 표창·전도상

－ 경남 은혜평강교회

2018.8.6.~8.	2018년도 하계대회(충북 보람원) 제55회 교회학교 지도자 세미나 [주제 : 성결을 경험한 사람들(롬 5:1~5)] 제36회 전국 교회학교 어린이 예능대회 – 그리기, 글짓기 제27회 어린이 성경암송대회 (유년 – 마1~6장 / 초등 – 마1~8장) BCM 어린이 캠프 《㈜미디어홈컴퍼니》 교사골든벨
2018.10.13.	제12회 총회장기 전국 교회학교 어린이 축구대회 (충남 부여 백마강 생활체육공원) •1위 – 인천서 함 께하는 교회
2019.8.5.~7.	2019년도 동계대회(충청 천안교회) 제36회 전국 교 회학교 어린이 성가경창대회 – 합창, 중창 제42회 전국 교회학교 어린이 성경경시대회
2019.4.6.	제56회 정기총회(충남 공주교회 회장 조성환 장로) 근속, 공로, 모범교사 및 모범어린이 표창
2019.8.5.~7.	70주년 기념 2019년도 하계대회(충북 보람원) 제56 회 교회학교 지도자 세미나 [주제 : 회복의 은혜를 구하 는 사람들(야5:14~18)] 제37회 전국 교회학교 어린이 예능대회 – 그리기, 글짓기 제28회 어린이 성경암송대회 BCM 어린이 캠프
2019.10.12.	제13회 총회장기 전국 교회학교 어린이 축구대회

(충남 부여 백마강 생활체육공원) – 1위 영남 하늘 빛교회

2020.1.14.	2020년도 동계대회(충서 서산교회) 제37회 전국 교회학교 어린이 성가경창대회 – 합창, 중창 제43회 전국 교회학교 어린이 성경경시대회
2020.5.9.	제57회 정기총회(인천남 성산교회 / 57회기 회장 김영복 장로)근로, 공로교사 표창 교회학교전국연합회 창립70주년 70년사 출판감사예배(성산교회)
2020.10.24.	2020 하계대회 (청주 청주서문교회) – 어린이 예능대회, 성경암송대회
2021.2.27.	2021 동계대회(천안 소노벨) – 성경경시대회
2021. 4.3.	제58회 정기총회(대구 봉산교회 / 58회기 회장 김타관 장로) 근로, 공로교사 표창
2021.11.27.	2021 하계대회(대전동 대전삼성교회) – 어린이 예능대회, 성경암송대회
2022.1.8.	2022 동계대회(충청 천안동산교회) – 성경경시대회
2022.4.2.	제59회 정기총회(경기 광주교회/59회기 회장 김연수 권사)근로, 공로교사 표창
2022.8.12.~13.	2022 하계대회(소노문 단양) – 어린이 예능대회, 성경암송대회
2023.1.7.	2023 동계대회(세종공주 조치원교회) – 제46회 성

경경시대회, 제38회 성가경창대회, 제1회 워십경연 대회

2023.4.2.   제60회 정기총회(경기서 안양중앙교회/60회기 회장 차성복 장로)근로, 공로교사 표창

전국권사회 역대회장 명단

1986.	박석삼 권사 (1대)	2005.	류영자 권사(20대)
1986~7.	김혜순 권사 (2대)	2006.	조춘길 권사(21대)
1988.	최중남 권사 (3대)	2007.	이금영 권사(22대)
1989.	이재덕 권사 (4대)	2008.	정금옥 권사(23대)
1990.	안봉화 권사 (5대)	2009.	김명숙 권사(24대)
1991.	김정자 권사 (6대)	2010.	조청자 권사(25대)
1992.	노성렬 권사 (7대)	2011.	김춘옥 권사(26대)
1993.	차옥윤 권사 (8대)	2012.	안정자 권사(27대)
1994.	심종원 권사 (9대)	2013.	이정민 권사(28대)
1995.	지영자 권사(10대)	2014.	황순례 권사(29대)
1996.	이정토 권사(11대)	2015.	강영신 권사(30대)
1997.	신순행 권사(12대)	2016.	이미순 권사(31대)
1998.	박정순 권사(13대)	2017.	정현숙 권사(32대)
1999.	박종해 권사(14대)	2018.	주옥자 권사(33대)
2000.	정행자 권사(15대)	2019.	최정원 권사(34대)
2001.	임정규 권사(16대)	2020.	김호순 권사(35대)
2002.	조경자 권사(17대)	2021.	이영희 권사(36대)
2003.	최종문 권사(18대)	2022.	장은숙 권사(37대)
2004.	김우순 권사(19대)	2023	홍필현 권사(38대)

여전도회전국연합회 역대회장 명단

회기		회기	
–	박석삼 권사 (초대)	57	전성원 장로 (22대)
35~36	김혜순 권사 (1대)	58	전춘녀 권사 (23대)
37	이현숙 권사 (2대)	59	이경주 권사 (24대)
38	이재덕 권사 (3대)	60	이신자 권사 (25대)
39	안봉화 장로 (4대)	61	박영숙 권사 (26대)
40	노성렬 권사 (5대)	62	허혜숙 권사 (27대)
41	박충희 권사 (6대)	63	김인희 권사 (28대)
42	김남순 권사 (7대)	64	김형자 권사 (29대)
43~44	여주기 권사 (8대, 9대)	65	김명순 권사 (30대)
45	강선숙 권사 (10대)	66	나신종 권사 (31대)
46	오혜선 권사 (11대)	67	이필남 권사 (32대)
47	안경선 권사 (12대)	68	민동순 권사 (33대)
48	박종해 권사 (13대)	69	이윤지 권사 (34대)
49	문순자 권사 (14대)	70	박상신 권사 (35대)
50	김명애 장로 (15대)	71	박명숙 권사 (36대)
51	김우순 권사 (16대)	72	김단희 권사 (37대)
52	조춘길 권사 (17대)	73	이옥희 권사 (38대)
53	임정애 권사 (18대)	74	황정희 권사 (39대)
54	김명숙 권사 (19대)	75	신용경 권사 (40대)
55	이옥자 권사 (20대)	76	염순열 권사 (41대)
56	김은정 권사 (21대)	77	박선희 권사 (42대)